GANZHEITLICH HEILEN

Buch

Das Heilen mit Farbe und feinstofflicher Information ist das Ziel einer Behandlung mit den Substanzen von Aura-Soma. Ein wichtiger Teil des Heilungssystems sind duftende Farbessenzen, die die Schwingung von nichtkörperlichen Wesenheiten tragen. Ihre Namen kennt man auch aus der theosophischen Literatur; durch Aura-Soma haben sie heute enorme Popularität erlangt.
Die Autorin gibt eine grundlegende Einführung in diese Form der Heilung über Energieimpulse und stellt sowohl die Meisteressenzen als auch die farbigen Pomander von Aura-Soma einzeln vor.

Autorin

Anita Bind-Klinger ist eine erfahrene Aura-Soma-Therapeutin, die in ihrer Praxis auf der Basis der klassischen Homöopathie auch mit Edelsteintherapie und Reiki arbeitet.

ANITA BIND-KLINGER
DIE AURA-SOMA-MEISTERESSENZEN

GANZHEITLICH HEILEN
GOLDMANN

Umwelthinweis
Alle bedruckten Materialien
dieses Taschenbuches sind chlorfrei
und umweltschonend.

Vollständige Taschenbuchausgabe Oktober 1998
Wilhelm Goldmann Verlag, München
in der Verlagsgruppe Bertelsmann GmbH
© 1996 Aquamarin Verlag, Grafing
Umschlaggestaltung: Design Team München
Umschlagfoto: J. Clarke/Bavaria
Druck: Elsnerdruck Berlin
Verlagsnummer: 14139
WL · Herstellung: Stefan Hansen
Made in Germany
ISBN 3-442-14139-7

1 3 5 7 9 10 8 6 4 2

Inhaltsverzeichnis

    Vorwort von Mike Booth 7
1. Mein Weg der persönlichen Meisterschaft 9
2. Innere und äußere Meister 19
3. Vicky Wall, Dev-Aura und Aura-Soma-Essenzen 29
4. Die farbigen Chakra-Pomander 47
   - 4.1. Der rubinrote Pomander 49
   - 4.2. Der rote Pomander 50
   - 4.3. Der orange Pomander 54
   - 4.4. Der goldene Pomander 59
   - 4.5. Der gelbe Pomander 61
   - 4.6. Der olivgrüne Pomander 65
   - 4.7. Der smaragdgrüne Pomander 67
   - 4.8. Der türkise Pomander 72
   - 4.9. Der saphirblaue Pomander 75
   - 4.10. Der königsblaue Pomander 79
   - 4.11. Der violette Pomander 82
   - 4.12. Der magenta Pomander 86
   - 4.13. Der pink Pomander 88
   - 4.14. Der weiße Pomander 91
   - 4.15. Ihre Anwendung 93
   - 4.16. Eine Meditationsanleitung mit einem Pomander 100
5. Die Aura-Soma-Meisteressenzen 107
   - 5.1. El Morya 114
   - 5.2. Kuthumi 119
   - 5.3. Lady Nada 125
   - 5.4. Hilarion 129
   - 5.5. Serapis Bey 136
   - 5.6. Der Christus 143
   - 5.7. Saint Germain 149
   - 5.8. Lady Portia 153
   - 5.9. Sanat Kumara 157
   - 5.10. Maha Chohan 160
   - 5.11. Djwal Khul 166
   - 5.12. Orion und Angelika 170

5.13. Pallas Athene und Aeolus 175
5.14. Lao-Tse und Kwan-Yin 178
5.15. Ihre Anwendung 182
5.16. Eine allgemeine Meditationsanleitung mit einer Meisteressenz 183

Quellennachweis 187
Literaturliste 188

Vorwort

Ich kenne Anita Bind-Klinger schon seit längerer Zeit. Sie besuchte Dev-Aura erstmals, als Vicky Wall noch am Leben war. Ihre Arbeit auf dem Gebiet der Edelstein-Heilkunde ist herausragend in unserer Zeit. Sie wird getragen von ihrer tiefen Liebe und ihrem umfassenden Mitgefühl für jene, die mit ihren Sorgen und Problemen zu ihr kommen. Vicky Wall zitierte einmal den großen Meister: „Viele sind berufen, doch nur wenige auserwählt." Ich glaube, Anita hat durch ihre Arbeit die Fähigkeit, viele Menschen auf den PFAD zu führen. Nach meinen Eindrücken verfügt sie über ein sehr tiefes Verständnis von Aura-Soma und trägt die Botschaft, die Aura-Soma enthält, unter der unmittelbaren Inspiration von Vicky Wall in die Welt. Es ist für mich eine Freude, sie in ihrer Arbeit zu unterstützen, und ich hoffe, daß durch Anitas Wirken viele Menschen eine umfassendere Kenntnis der Geheimnisse von Farbe, Licht und Energie erlangen werden.

Die Quintessenzen können uns mit den inneren Welten verbinden und einen Zugang zu unserem innersten Wesen öffnen. Vicky nannte sie einmal eine Anrufung an das Göttliche in uns und über uns. Vater/Mutter-Gott beantworten diesen Ruf umgehend, verstehen jedoch aus ihrem Mitgefühl heraus, daß wir immer nur bedingt über die Kraft verfügen, die ausgestrahlte göttliche Energie aufzunehmen. Aus diesem Grund wirken jene großen Wesen, die vor uns den PFAD beschritten haben, als Vermittler, um für uns die göttliche Energie in einer Weise zu transformieren, die wir verstehen und aufnehmen können.

Die Quintessenzen fördern diesen Prozeß. Sie gleichen einem kosmischen Telefonanruf. Wir hören es vielleicht nicht klingeln, aber der Anruf wird mit Sicherheit entgegengenommen. Zu bestimmten Anlässen, wenn es erforderlich ist, erfolgt sogar eine unmittelbare Antwort. Über die Erforderlichkeit vermögen wir uns kein Urteil zu erlauben, aber wir können der Weisheit des Geschehens vertrauen.

In meinem Verständnis vom Wirken der Meister erscheint es mir wichtig zu erkennen, daß ihre Inspiration auf zwei Ebenen erfolgt – auf einer inneren und einer äußeren. Diese Form der Zusammenarbeit mit den Meistern reflektiert daher gegenwärtig ihre Unterstützung in uns und außerhalb von uns. Es wird vielfach davon gesprochen, daß die Menschheit insgesamt an einem Wendepunkt angelangt ist und viele einzelne Menschen daher in ihrem persönlichen Leben vor großen Entscheidungen über die Wahl ihres Weges stehen. Möge dieses Buch für einige als Wegweiser dienen.

Mike Booth

1.

Mein Weg der persönlichen Meisterschaft

> *Halt ein! Wo läufst Du hin?*
> *Der Himmel ist in Dir.*
> *Suchst Du Gott anderswo,*
> *Du fehlst Ihn für und für.*
>
> Angelus Silesius

Ich kann mich nur wundern, wie sich scheinbar unzusammenhängende Ereignisse zu einem klaren Muster zusammenfügen. Die Dinge fügen sich zur rechten Zeit mit einer enormen Kraft, wenn ich nur die Geduld aufbringe und auf diesen Zeitpunkt warten kann und den Geschehnissen nicht vor lauter Ungeduld meinen eigenen voreiligen Zeitplan aufzwinge.

Ich betrachte es als eine Fügung in meinem Leben, daß der Auftrag, über Aura-Soma-Meisteressenzen zu schreiben, in der Zeit auf mich zukam, als ich selbst gerade auf dem Weg einer *persönlichen Meisterschaft* war. Das zeigte sich unter anderem darin, daß ich von innen heraus bereit war, die Reiki-Meisterschaft zu übernehmen. Ich gehe später noch auf Reiki ein.

Mehr denn je ist mir bewußt, daß wahre Einweihungen nur durch persönliche Arbeit an sich selbst geschehen. Die Reiki-Meisterschaft ist für mich persönlich ein ganz wichtiger Schritt auf meinem *spirituellen Aufstieg*, wobei unsere spirituellen Aufstiege gleich einem *Abstieg in unsere Tiefen* sind und vor allem ein *Einstieg in unsere Herzen*.

Die Idee dieses Buches ist es, meine Erfahrungen mit den Aura-Soma-Pomandern und Meisteressenzen mitzuteilen, die ich in meiner Praxis als Heilpraktikerin und in meiner Seminartätigkeit sammelte. Diese Essenzen sind mehr als eine Geschenk des Universums für unser alltägliches und spirituelles Leben.

Es ist mir wichtig, gleich zu Beginn klarzustellen, daß wir nicht dem Irrglauben verfallen sollten, die Essenzen als etwas anderes anzusehen als liebevolle und unterstützende Hilfsmittel. Es wird keine Meister mehr auf Erden und auch nirgendwo sonst im Universum geben, die uns an die Hand nehmen und die Hälfte unserer Arbeit für uns tun. Unser immer noch währender Wunsch nach einem Rezept oder einem schnellen Lösungsweg wird sich nicht erfüllen. Ernsthafte Ausdauer im zielorientierten Willen, humorvolle Leichtigkeit und freudige Toleranz, herzliche Vergebung sowie die reine Liebe – das sind gute Begleiter auf dem Weg nach innen.

Ich stelle mich in diesem Buch dem schwierigen Thema der persönlichen Meisterschaft und wünsche, all jenen Menschen unterstützende Impulse anzubieten, die *erkennen und verstehen wollen* und die selbst gerade dabei sind, *ihr Leben zu meistern*. Ich sah es zunächst als schwieriges Thema deshalb, weil ich mich mit der Thematik der Meisterschaft in einen Bereich wage, der jedem von uns vertraut ist und über den dennoch nicht offen gesprochen wird.

Der Meisterbegriff einerseits ist im allgemeinen Sprachgebrauch mehr im Handwerk geprägt und bezeichnet jemanden, der etwas gelernt hat und durch eine Meisterprüfung oder durch Anfertigung eines Meisterstückes gezeigt hat, daß er sein Handwerk beherrscht. Im sportlichen Wettkampf ist der Meister der Beste, hier wird der Begriff der Meisterschaft *in Bezug zu etwas* eingesetzt.

Wir sprechen auch von spirituellen Meistern, von Lebenslehrern und Gurus. Was hat es mit diesen Meistern auf sich? Was haben sie gemeistert, daß sie uns lehren können?

Die persönliche Meisterschaft betrifft den spirituellen Weg eines jeden Menschen, den er bewußt oder unbewußt geht. Sie beschreibt den Bereich, der sich manchmal schwer in Worte fassen läßt. Unsere Sprache, aus Wörtern und Begriffen bestehend, ist mir oft zu eng und nicht passend genug, um solche spirituellen Themen zu benennen.

Wenn wir in unsere innere Stille einkehren, *spricht sie für sich*. Das Wort Frieden klingt wie ein Abklatsch dessen, was man spürt, wenn man Frieden in seinem Herzen empfindet. Die Leser, die verstehen wollen, werden auch das, was *zwischen den Zeilen* steht, sehen oder hören oder in der für sie stimmigen Art und Weise wahrnehmen.

Vergleiche und symbolische Bilder sind dabei Annäherungen, aber sie treffen den Kern der Wahrheit nicht vollständig. Ich vertraue meiner inneren Führung und wage mich in die Welt ohne Worte und bringe davon etwas an die Oberfläche des Erkennens. Es ist eine Welt, die sehr wohl über eine Sprache verfügt, aber nicht die uns in der Außenwelt gewohnte. Eine Welt, die wir erfühlen können, zu der wir alle Zugang haben.

In diesem Erfühlen gibt es keine Übersetzungsschwierigkeiten und keine Mißverständnisse. Diese fangen an, wenn wir ein Gefühl oder eine spirituelle Erfahrung in Worte kleiden wollen. Der Begriff des Einkleidens drückt schon aus, daß es nur eine Umhüllung ist und nicht der Kern oder das Wesen selbst.

Eine *männlich-weiblich-Thematik* unserer Sprache will ich gleich zu Anfang benennen. Es fehlen neutrale Worte. Die persönlichen Meisterschaften sind etwas neutrales, weder spezifisch männlich noch weiblich. Sie betrifft uns gleichermaßen, und ich bitte darum, das Wort Meister als neutral anzusehen. Ich bin mir der Unzulänglichkeit oder der Armut unserer Sprache bewußt und verzichte auf das jeweilige Hinzufügen des Wortes Meisterin. Mir ist wichtig, daß der Inhalt des Buches nicht deswegen männlich-orientiert erscheint. Es ist an der Zeit, daß wir weibliche wie männliche Qualitäten gleichermaßen wertschätzen und uns alle für eine neue Ebene des Zusammenwirkens einsetzen. Jeder Mensch, ob Mann oder Frau, lebt mit seinen individuellen Themen, in denen er an seiner Gleichwertigkeit und seiner Emanzipation arbeitet.

Nachdem meine Absicht klar war, das Buch über die Meisteressenzen zu schreiben, formte sich der Raum des Wirkens in mir selbst; und das wurde immer mehr zu einer großen Herausforderung für mich. In meinem ersten Buch konnte ich mich auf mein Wissen und meine Erfahrungen aus der Praxis und Seminaren beziehen und die Organsysteme unseres Körpers und ihre psychisch-somatischen Zusammenhänge erklären. In meinem zweiten konzentrierte sich der Inhalt auf das organische und geistige Herz, denn ohne die reine Liebe des Herzens geschieht in unserem Leben nicht viel. Für dieses Buch steht es nun an, noch viel tiefer zu schürfen und der tiefsten Weisheit im Inneren des Herzens zu vertrauen. Mein Herzenswunsch ist es, diese Weisheiten in Liebe und Verständnis miteinander zu teilen. Der Zugang zum inneren Meister zeigt sich für jeden von uns in individueller Weise, und jeder erkennt in seiner Eigenverantwortlichkeit, welchen Hilfen und Unterstützungen er sich auf seinem spirituellen Weg öffnen kann.

Unsere Spiritualität erreichen wir insbesondere über unsere Gefühle. Es braucht neben den Gedanken und Ideenkonstruktionen auch das wirkliche Erleben und Hineinspüren. Unserem irdischen Körper folgen die feinstofflichen Aura-Schichten wie die Gedanken- und Gefühlskörper. Die Gefühle selbst sind wie *Brücken* in den noch feineren spirituellen Körpern. Wenn manche Gefühle schon schwer in Worte zu fassen sind, dann gilt das noch mehr für unsere inneren Erlebnisse.

Auf meinem persönlichen Weg waren Edelsteine und Kristalle hilfreiche Wegweiser und Spiegelbilder meiner Selbst. Über sie schrieb ich ausführlich in meinen ersten beiden Büchern. Der Qualität der Aura-Soma-Meisteressenzen sei dieses Buch gewidmet.

Ich vertraue darauf, daß jeder Mensch erspüren kann, was am besten für ihn ist. Sein persönliches Höheres Selbst oder sein innerer Meister führt ihn und vermittelt zwischen den jeweiligen Ebenen seines Erlebens.

Auf meinem persönlichen Reifungsweg erkannte ich es als Botschaft meiner inneren Führung an, die Reiki-Meisterschaft zu übernehmen. Reiki bedeutet universelle Lebenskraft. Durch einen Reiki-Meister wird man in diese alte Heilweise eingeweiht. 1985 und 1986 erhielt ich den ersten und zweiten Grad von einem Reiki-Alliance-Mitglied, und seitdem praktiziere ich Reiki nach dem traditionellen Usui-System. In meiner Arbeit an mir selbst und mit anderen Menschen in meiner Praxis sammelten sich die Erfahrungen mit Reiki, und ich bin dankbar für dieses unschätzbar wertvolle Geschenk. Ich war zufrieden mit meiner Arbeit und war der Meinung, daß die Reiki-Meisterschaft für mich nicht in Frage käme.

Nach Jahren weckten mich dann zwei hintereinander auftretende, sehr auffallende Träume auf. Sie waren so klar, unmißverständlich und unterschieden sich von meiner sonstigen Art zu träumen. Ich erlebte mich in den Träumen derart, daß ich das Reiki-Seminar selbst leitete, die Reiki-Geschichte, die Lebensregeln und die Handpositionen für die Behandlungen lehrte. Als dann die Einweihungen an der Reihe waren, sagte ich den Teilnehmern, daß sie dafür noch warten müßten. Mir wurde bewußt, daß ich die Auseinandersetzung mit der Reiki-Meisterschaft wieder aufnehmen sollte, und ich bat mein Höheres Selbst um ein drittes, deutliches, ebenso unmißverständliches Zeichen oder einen weiteren Traum. Meine Geduld wurde geprüft, es dauerte circa vier Jahre, bis ich Anfang 1995 das nächste Zeichen bekam. Ich träumte, daß ich mich als Teilnehmerin auf der Reiki-Meister-Konferenz der Alliance befand – und das ist nur möglich als Reiki-Meisterin. Daraufhin führte ich Gespräche mit Menschen, die mir nahestehen und die von mir wußten, daß diese Entscheidung für mich keine einfache war. Es war wie eine innere Aufforderung, der ich mich nicht mehr entziehen konnte. Der innere Ruf, sich der universellen Lebenskraft noch intensiver hinzugeben und sich der Verbreitung von Reiki zu widmen, war nicht mehr zu überhören. Ich entschied mich für die Reiki-Meisterschaft und stehe in meiner Innen- wie Außenwelt dazu. Seit meiner Reiki-Meister-Einweihung, im Dezember 1995, bin ich nun Lehrer für die, die Reiki ausüben wollen, und wurde selbst auf einer neuen Stufe wieder zum Schüler.

Im Prinzip befand ich mich all die Jahre in einer Vorbereitungs- oder auch Lehrzeit. Ich praktizierte Reiki, und das tiefe Vertrauen in das Vorhandensein und Wirken der universellen Lebenskraft entwickelte sich. Sehr auffällig war, daß sich nach der klaren inneren Entscheidung viele Dinge in der Außenwelt veränderten. Die Kraft des Wirkens liegt in der klaren Absicht. Es klärte sich so vieles für mich. Ich bekam das Bild, daß meine Illusionen und Vorstellungen wie Seifenblasen zerplatzten. Ich betrat eine neue Ebene des Verständnisses von Realitäten. Je deutlicher und intensiver ich feine, erhöhende Energieströme wahrnahm, um so fester empfand ich meine Verwurzelung und Standhaftigkeit. Das braucht es wohl auch. Ich fühlte mich mehr denn je geerdet und kraftvoll.

Zunächst waren diese Aha-Erlebnisse nicht sonderlich schmerzhaft, ich konnte die neuen Sichtweisen in meinen Alltag gut integrieren. Dann kamen auch die Erfahrungen, die mich bis in meine Grundfesten berührten und in denen ich mir schon öfters wünschte, den Weg doch nie angefangen zu haben. Meine gut erprobten und manchmal auch festgefahrenen Lebensprogramme und Verhaltensmuster waren in Frage gestellt. Zum Teil geschah es freiwillig in mir, Altes zu erneuern, zum anderen Teil wurde ich ordentlich geschubst. Es waren Prozesse, in denen ich immer wieder aufgefordert war, von alten, überholten Lebensmustern und Einstellungen loszulassen und dem Neuen zu vertrauen, mich ohne die vielen Wenn und Aber auf etwas einzulassen, was ich noch nicht genau erkennen konnte. Der manchmal sehr schnelle Wandel meiner persönlichen Angelegenheiten hat mich erkennen lassen, wie langsam ich integriere und wie groß mein Sicherheitsbedürfnis ist. Ich erkenne jetzt, wie ich mich auf mein Vertrauen verlassen kann und mich zwischen Freiheit und Sicherheit entscheiden muß. Ich erkenne, wie Materie und Geist eins im Universum ist. Die persönliche Meisterschaft zeigt sich im ganz realen Alltag, im Hier und Jetzt, wo uns Familienmitglieder, Menschen in unserer nächsten Umgebung, Kollegen und Nachbarn auf unsere Ehrlichkeit mit uns selbst prüfen. Sie hat nichts mit abgehobenen Welten zu tun.

Mit Reiki berührte ich die *unerschöpfliche Energiequelle des Gebens*. Es ist eine Energieweitergabe über die Hände, es bedeutet *zu handeln und zu behandeln*. Der wesentliche Kern ist dabei, absichtslos zu sein, das Denken und Wollen des eigenen Ichs auszuschalten und, den freien Willen des Reiki-Annehmenden achtend, universelle Lebenskraft dem Höheren Selbst anzubieten.

Die Thematik der *Einweihungen* sah ich vor Jahren ganz anders als heute, wo ich selbst Einweihungen erlebt habe. Vor meinen ersten Reiki-Einweihungen hatten Einweihungen mysteriöse und unbekannte Nebel um sich. Ich dachte an etwas ganz Besonderes und Geheimes, das nur auserwählten Menschen zugänglich sei.

Einweihung bedeutet auch heute noch – einen Schritt in das bisher nicht Bekannte zu tun. Der Einweihende übergibt im Einweihungsritual dem, der in das Ge-heim-nis eingeweiht wird, bestimmte Regeln und Bedingungen, die er von nun an zu achten und eventuell weiterzugeben hat.

Der große Sufi-Meister und Lebenslehrer Hazrat Inayat Khan beschreibt Einweihungen als nicht mehr, als mit Mut und Hoffnung einen ersten Schritt nach vorne zu tun – in einen bisher nicht betretenen Raum. Einweihungen sind, einfach ausgedrückt, der Erfahrung eines Menschen ähnlich, der nie schwimmen gelernt hat und sich zum ersten Mal in einen Fluß oder in das Meer begibt, ohne zu wissen, ob er in der Lage sein wird zu schwimmen, oder ob er fortgeschwemmt wird und ertrinkt. Die Einweihung enthält die Schwimmregeln und lehrt die Gesetze des Wassers.

Jeder Mensch hat in seinem Leben solche Einweihungen im weltlichen Sinn erfahren. Jeder hat in seinem Leben schon Situation und Stationen erfahren, wo er, im übertragenen Sinn, mit Mut ins Wasser sprang, darauf vertrauend, daß er lernte zu schwimmen. Es ist schwierig für einen weltlich orientierten Menschen, sich in einen Weg einweihen zu lassen, den er mit seinen physischen Sinnen nicht erfassen kann.

Meine Reiki-Einweihungen öffneten mir ebenfalls innere Tore. Den spirituellen Weg betrat ich mit Mut und Vertrauen und bin heute für diese Einweihungserfahrungen unendlich dankbar.

Dankbarkeit ist das Gedächtnis des Herzens. Ich will an dieser Stelle *meinem Dank Worte verleihen*. Ich danke aus tiefstem Herzen den Menschen, die mich in Liebe und Verständnis auf meinem persönlichen Meisterschaftsweg begleiten, die mir erlauben, mich anzulehnen und mir Wärme schenken und denen, die mich über meine Grenzen herausfordern, denn nur so habe ich meine Begrenzungen wirklich erfahren. Es wären viele Namen von Menschen, wollte ich sie alle einzeln benennen – und es wären unzählige Lichtwesen, Avatare und geistige Helfer, die ich an meiner Seite spüre und die mich auf verschiedenste Weise zu Edelsteinen geführt haben, um darin das Spiegelbild meiner Selbst zu erkennen und zu den Aura-Soma-Meisteressenzen, die mich lehren, die geistigen Qualitäten facettenweise zu integrieren, um irgendwann einmal das Ganze zu erfassen – die Einheit von Vater-Mutter-Gott.

Ich empfinde Dankbarkeit dafür, daß der Auftrag an mich herangetragen wurde, beziehungsweise in mir gewachsen ist, über die Aura-Soma-Essenzen zu schreiben. So mußte ich jeden einzelnen Schlüssel in meine Hände nehmen und öffnete – wie könnte es anders sein – meine persönlichen inneren Türen. In der gleichen Weise, wie *ich* die Essenzen und ihre energetischen Informationen angenommen habe, wurde ich in meinen Lebensphasen, in Stärken und Schwächen, angenommen – von mir selbst, vom Universum, von Gott?

Es geschah so vieles in mir und meiner Umgebung an *zufälligen* Ereignissen, daß ich oft nur schmunzeln konnte. Es paßte. Wir sind eins im Universum. Mehr denn je habe ich dies erfahren. Ich bin aus tiefstem Herzen dankbar und werde dies in meinem Denken, Fühlen und Handeln ausdrücken.

Wahrhafte Dankbarkeit verändert unsere irdischen und geistigen Körper in ihrer Schwingung. Dankbarkeit heilt, denn sie lehrt uns die Annahme und Wertschätzung dessen, was gerade ist. Sie bringt Freude mit sich und Vergebung.

In tiefer Dankbarkeit, in Licht und Liebe möge das Folgende eine Brücke von Herz zu Herz sein.

2.

Innere und äußere Meister

*Öffnet euch nicht den Kräften, die euch
den Gral der Menschheit auf einem goldenen
Tablett darbringen. Es gibt keinen anderen
Messias als das Herz des Menschen.*
　　　　　Botschaft der Sternenbrüder

Vor einiger Zeit begegnete mir eine schöne Geschichte, deren Verfasser mir leider unbekannt ist.
– Das Märchen von der größten Kraft des Universums:
Ein altes Märchen erzählt von den Göttern, die zu entscheiden hatten, wo sie die größte Kraft des Universums verstecken sollten, damit sie der Mensch nicht finden könne, bevor er dazu reif sei, sie verantwortungsvoll zu gebrauchen. Ein Gott schlug vor, sie auf der Spitze des höchsten Berges zu verstecken, aber sie erkannten, daß der Mensch den höchsten Berg ersteigen und die größte Kraft des Universums finden würde, bevor er dazu reif sei. Ein anderer Gott sagte, laßt uns diese Kraft auf dem Grund des Meeres verstecken. Aber wieder erkannten sie, daß der Mensch auch diese Region erforschen und die größte Kraft des Universums finden würde, bevor er dazu reif sei. Schließlich sagte der weiseste Gott: Ich weiß, was zu tun ist. Laßt uns die größte Kraft des Universums im Menschen selbst verstecken. Er wird niemals dort danach suchen, bevor er reif genug ist, den Weg nach Innen zu gehen. Und so versteck-

ten die Götter die größte Kraft des Universums im Menschen selbst, und dort liegt sie noch immer und wartet darauf, daß wir sie in Besitz nehmen und weisen Gebrauch davon machen. –

Mich persönlich hat diese Geschichte sehr berührt. Sie beschreibt die Wahrheit, daß nämlich jeder Mensch durch seinen göttlichen Anteil als Geburtsgeschenk im Kontakt mit der universellen Schöpfungskraft *ist*. In unserem Wesenskern schlummert die große Liebe, die reine, unpersönliche Liebe. Mit ihr verbunden sind Qualitäten wie Vertrauen, Mut, Frieden, Glück, Weisheit und vieles mehr. Wir Menschen müssen allerdings erst *werden*, was wir im Innern *sind*.

Das klingt paradox, doch viele der tiefen Weisheiten sind paradox – sie machen uns auf die Dualität der Dinge hier auf der Erde aufmerksam. Wie ein Buch zur selben Zeit mit seinem ganzen Inhalt existiert, ist es dennoch so, daß unser menschlicher Verstand sich Seite für Seite anlesen muß und sich das Ganze für ihn erst allmählich zeigt.

Ein Teil unserer rechten Gehirnhemisphäre könnte dafür trainiert werden, ein Buch holographisch, also ganz zu erfassen. Er würde die Information als Schwingung aufnehmen, ohne die einzelnen Worte unserer Sprache zu lesen. Leider werden diese Fähigkeiten in unserem jetzigen Schulsystem noch nicht genügend gefördert. Den Schulbildungen und Berufsausbildungen liegen exoterisches Wissen zugrunde, das heißt, das Wissen ist nachweisbar, reproduzierbar und ist jedem zugänglich. Es betrifft Tatsachen in der Außenwelt, die dennoch im Inneren des Menschen ihre Wurzeln haben. Das esoterische Wissen besteht aus dem Überlieferten, das nach Einweihungen nur bestimmten Auserwählten zugänglich war. Die Zeit der Esoterik, Einweihungen in der Außenwelt und Geheimlehren scheint ein Ende zu nehmen. In dieser Zeit, in der unser Bewußtsein mit allem verbunden wächst, gibt es keine feste Trennung zwischen Verborgenem und Offenbartem mehr.

Jedem von uns ist sein Inneres und die Quelle der reinen Liebe seines Herzens zugänglich, wenn er sich nach innen wendet. Jeder von uns kann seine *geheimen* Räume ergründen, das Wort Ge-heim-wissenschaft enthält den Wortstamm heim. Ziel der Esoterik kann es nur sein, den Menschen in sein eigenes Heim als Quelle der größten Kraft des Universums zurückzuführen. Die wahren Reifeprüfungen und Einweihungen geschehen in unserem Alltag und nur durch andauernde Arbeit an uns selbst.

Wenn wir uns nach innen wenden und in unsere Tiefen steigen, braucht es vor allem *unsere Motivation* dazu. Sie ist die Kraft, mittels der wir nach innen gehen und uns auf das Ziel ausrichten. Unser Verstand wird uns immer wieder prüfen, ob wir wirklich unsere Seelentiefen ergründen wollen. Unser Maß an Geduld wird geprüft und unsere Disziplin erprobt.

In all jenen Prüfungen ist es mir auf meinem persönlichen Weg hilfreich gewesen, im Kontakt mit meinem Höheren Selbst zu sein, um Botschaften zu bitten und gelegentlich Kurskorrekturen vorzunehmen.

Das Höhere Selbst ist dabei die Verbindung zwischen Seele und Persönlichkeit. Nach meinem Verständnis ist es so, daß jede Verkörperlichung oder Inkarnation im Prinzip dann beginnt, wenn die unsterbliche Seele erkennt, welchen Aufgaben und welchen Themen sie sich in der irdischen Verkörperung stellen will. Das ist die Idee, der erste Funke. Darauf folgt, daß sich die Seele für die zu bewältigenden Themen die passenden Rahmenbedingungen auswählt. Dabei ist die Qualität der Zeit ebenso wichtig wie die Qualität der Kultur und der genetischen Information der Vorfahren und gar der Eltern. Sie alle gestalten unsere Wirklichkeiten entscheidend mit, und die familiären Sachzwänge und kollektiven Geschehnisse formen unsere ersten Lernmuster.

Unsere Seelen wissen allein, was für eine Inkarnation die größte Herausforderung ist. Sind wir im Kontakt mit unserer Seele, zum Beispiel über unser individuelles Höheres Selbst, dann werden wir geführt und erkennen von innen heraus, was in der jeweilgen Lebenssituation zu tun ist. Sei es, daß unser Leben bedeutet, der Angst zu begegnen, sei es, daß uns das Leben loslassen lehren will.

Eine Instanz unseres Höheren Selbstes bezeichne ich als den *inneren Meister*. Ich weiß, daß letztendlich alles eins und alles in allem enthalten ist, diese Aufspaltung dient nur dem bildhaften, einfacheren Verständnis.

Mein Höheres Selbst führt mich, und mein innerer Meister lehrt mich konkret mit den alltäglichen Anforderungen sinnvollen Umgang, eben das Leben zu meistern. Der innere Meister ist stets in bezug zum eigenen Lebensweg zu sehen. Er steht mir zur Seite, wenn ich neue Kraftströme erfahre und sie zu gebrauchen lerne, er unterweist mich in der Achtsamkeit mit Kräften, damit es mir nicht wie dem Zauberlehrling geht, der in Abwesenheit seines Lehrers die Macht rief und dann in Unwissenheit chaotische Zustände erfuhr.

Ich erlebe meinen inneren Meister wie einen lichtvollen Begleiter, der mich auf neuen oder dunklen Wegen begleitet. Licht ist Information, und wo Licht ist, weicht die Dunkelheit und damit die Unwissenheit. So mag ich Ebene für Ebene, Anteil für Anteil von mir erkennen und integrieren.

Mehr denn je ist mir bewußt, daß ich Spiritualität nur im Einklang mit meinem irdischen Körper leben kann, daß sie nicht etwas Abgehobenes ist und nichts außerhalb von mir, sondern verwoben mit jeder einzelnen Zellstruktur. Jeder Mensch, der mir begegnet und der mich durch sein So-Sein oder Handeln berührt, macht mich auf etwas in meinem Inneren aufmerksam.

Das Verbindende zwischen innerem Meister und mir ist die Liebe. Es ist die geistige Ebene der reinen Liebe (Philia-Ebene der Liebe, Beschreibungen dazu in meinem Buch „Die Antwort des Herzens"), die von gegenseitiger Achtung und Wertschätzung genährt wird. Mein innerer Meister zwingt mich zu nichts, er fordert nichts von mir, sondern er ist immer da, *wenn ich als Schüler für ihn bereit bin.*

Wie es in meinem Bewußtsein den inneren Meister gibt, so gibt es auch *äußere Meister* oder Meister, die uns ganz real in der Außenwelt begegnen. Innere und äußere Meister stehen in Resonanz miteinander, sie korrespondieren in ihren verschiedenen Energiequalitäten. So ist zum Beispiel Seine Heiligkeit der Dalai Lama ein äußerer Meister und lehrt uns in seiner Verkörperung die absolute Gewaltlosigkeit, liebevolle Disziplin und vieles, was mir in Worten schwerfällt auszudrücken. Ich spüre seine Gegenwart hier auf Erden.

Sogenannte *Avatare* sind äußere Meister. Sie sind vollkommen verwirklichte Wesen, die nur der Menschheit zuliebe verkörpert sind und uns in ihrer Selbstlosigkeit als Vorbilder dienen. Ich bin dankbar dafür, daß ich schon mehrmals einem Avatar begegnen durfte, es ist Mutter Meera, die in Deutschland, in der Nähe von Limburg, wohnt.

Mutter Meera ist die lebendige Inkarnation der Göttlichen Mutter. Das Bewußtsein Mutter Meeras und der

Wille der Göttlichen Mutter sind eins. Sie ist in menschlicher Gestalt zur Erde gekommen, um dem Menschen zu helfen, das Göttliche zu erkennen und es zu verwirklichen. Sie lehrt uns wahrhaftes Dienen. Durch Mutter Meera erfahren wir das göttliche Paramatman-Licht, das dem unendlichen Werk der Transformation dient.

Sie hält wöchentlich sogenannte Darshans, in denen sie in aller Stille dem Menschen, der sich ihr öffnet, Licht und unendliche Liebe zuströmen läßt. Wenn ich vor ihr knie und in ihre Augen schaue, ist das nicht mit Worten zu beschreiben. Es ist diese Fülle und allesumfassende göttliche Liebe, durch die ich mich wie ausgerichtet fühle. Ihre Schönheit nährt meine Seele. Ihr Dienen in aller Einfachheit zu schauen, lehrt mich Vertrauen. Bei ihr zu sein, sich ihrer Geborgenheit hinzugeben, sich von ihrem Licht führen zu lassen, ist wie ein seelisches Auftanken und Ausrichten, um dann wieder gestärkt in meinen Alltag zurückzukehren und das Erfahrene umzusetzen. Mutter Meera ist für mich ein äußerer Meister, bei ihr ist mein innerer Meister ein Schüler.

Das Lehrer-Schüler oder Meister-Schüler-Verhältnis ist, wie so manches in unserer dualen Welt, paradox. Je bewußter ich mich auf meinem persönlichen Meisterschaftsweg empfinde, um so mehr erlebe ich mich als Schüler. Phyllis Lei Furumoto, die Großmeisterin des traditionellen Usui-Systems von Reiki, sagt, daß wir mit der Reiki-Meister-Einweihung einerseits Vorbild und Lehrer für Reiki-Lernende sind, andererseits werden wir selbst Schüler auf einer höheren Ebene der Lebensschulung.

In der heutigen Zeit nennen sich viele Menschen in irgendeiner Form *Meister*. In der Abklärung, wer für mich ein wirklicher Meister ist, von dem ich lernen darf, ist mir die Antwort meines inneren Meisters oder meines Höheren Selbstes entscheidend. Diese lassen sich nicht blenden und in eine falsche Richtung *verführen*. Wahre Meister, Lebenslehrer oder Gurus respektieren den freien Willen des Menschen und setzen sich niemals über diesen oder dessen Karma hinweg. *Wahre Meister führen aus Abhängigkeiten heraus und nicht hinein.*

Bei einigen Sekten und pseudo-spirituellen Gemeinschaften erscheinen mir die zugrunde liegenden Motive oft sehr eindeutig. Ich bitte jeden Menschen, der in der Vielfältigkeit der Angebote einen Lebenslehrer sucht, im Kontakt mit seinem inneren Meister zu sein, um nicht blindlings und gutgläubig Opfer von Sehnsucht und Täuschungen zu werden.

Die Aura-Soma-Meisteressenzen gehören aus meinem Verständnis zu den äußeren Meistern. Wie es zu diesen Essenzen kam, erläutere ich im nächsten Kapitel. Wichtig ist es mir in diesem Zusammenhang zu sagen, daß man sich nicht vorstellen sollte, man müsse nur das Essenzfläschchen öffnen und dann würde der Meister erscheinen, wie in der Geschichte Aladins mit der Wunderlampe. Wenn ich die Meisteressenz-Flasche öffne und mich in Kontakt mit der Energie bringe, dann *öffne ich mich* für die Botschaften oder die Lehren des entsprechenden Meisters.

Alles ist in allem enthalten. Das geistige Gesetz der Resonanz durchdringt alles. Die Energien und Weisheiten des Dalai Lama, von Sathya Sai Baba, von Mutter Meera, von Christus, von El Morya und all den anderen auf dem Planeten Erde verankerten Meistern *sind in uns und um uns*.

Die wahren Lehren der Buddhas, Meister und Lebenslehrer sind multidimensional und zur gleichen Zeit in Deutschland, in Amerika und in China auf verschiedenen

Energieebenen. Jedes Wesen hat zu jeder Zeit Zugriff, das heißt, kann sich für diese oder jene Botschaft öffnen. Nur unser manchmal beschränkter, weil dafür nicht trainierter Verstand zweifelt das an.

Zeit und Raum sind für die wahren Meister Illusion. Es wird uns immer leichter werden zu erkennen, daß zur Zeit der Aufgabenstellung die Lösung, beziehungsweise die Befreiung davon, auch schon vorhanden ist.

Im Prinzip sind diese Essenzen *Er-inner-ungen* an die Schwingungen im Universum. Ihre Energie bringt den Anteil in unserem Inneren in Resonanz und hilft uns in der Bewußtwerdung und in der Erweiterung unseres Denk- oder Gefühlsspektrums. Es braucht nur die klare Absicht und Motivation von uns, sich diesen Botschaften zu öffnen. Das Licht, das sie uns bringen, ist ihre jeweilige Botschaft und schenkt uns Information.

Licht ist Information und Liebe ist Schöpfung. Die Kommunion findet in unseren Herzen statt – und in unserem freien Willen liegt es, sie in unser Handeln einfließen zu lassen. Wir sind es, die dafür die inneren Türen öffnen können, um uns von diesem Licht durchdringen zu lassen.

Die äußeren Meister stehen nicht *zwischen* dem Menschen und Gott, sondern Gott zeigt sich uns über diese Meister in verschiedenen Facetten, damit wir ihn besser erkennen können. Jeden wahren Meister kann man als eine Facette eines Diamanten betrachten. Was wir dann sehen, ist eine Facette, doch ist der ganze Diamant sowohl hinter dieser Facette als auch um ihn herum.

Wir müssen nicht erst alle verschiedene Meisterstufen erreicht haben, bevor wie Gott erreichen! Wir erreichen Gott auf direktem Weg und nur durch unser Herz.

Die wahren äußeren Meister sind nicht als Vorbilder da, damit wir werden wie sie, sondern sie sind ein Vorbild dafür, wie sie in Hingabe und Herzensliebe *ihre* Quelle in sich gefunden haben und leben. Sie fordern uns durch ihr Sein auf, daß auch *wir in uns* selbst dieser Quelle vertrauen und kraftvoll aus ihr schöpfen und unsere täglichen Arbeiten in richtig verstandener Liebe tun. *Die höchste Wahrheit lautet, daß nichts außerhalb von uns liegt*, weil sich alles in uns befindet. Auch Machtgelüste und falsch-verstandene Macht liegen in uns. Kein Meister kann sie dauerhaft für uns lösen, sondern das kann nur jeder in sich selbst vollbringen.

Georg Iwanowitsch Gurdjieff, der manchmal als ein Lebenslehrer, manchmal auch als Magier und Mystiker bezeichnet wird, drückte in einem passenden Bild das Spiel der Kräfte folgendermaßen aus: der Körper des Menschen ist mit einer Kutsche zu vergleichen, die eingespannten Pferde sind dabei ein Symbol für die Triebe, die Wünsche und auch die Kraft. Der Kutscher oder Wagenlenker selbst steht symbolisch für den Verstand. Er muß mit Gefühl und Geschick die kraftvollen Pferde und den Wagen in Einklang bringen und das Ganze dorthin des Weges lenken, wo der Herr hin will, dem die Kutsche gehört und der symbolisch für das Höhere Selbst oder den inneren Meister steht.

Wenn der Wagenbesitzer als die innere Führung keinen Zielort bestimmt, wird der Kutscher machen, was er will oder orientierungslos durch die Gegend fahren. Und wenn der seine Arbeit nicht richtig versteht, das heißt, wenn er seinen Willen nicht konkret den Pferden mitteilen kann, dann machen die Pferde mit ihm und der Kutsche, was sie wollen. Auch wird deutlich, daß wir an den Meistern in der Außenwelt nur beispielhaft miterleben können, *wie sie* ihre Kutsche führen lassen oder für welchen Weg sie sich entschieden haben. Es ist unsinnig, so zu werden, wie ein anderer Kutschenbesitzer ist – so wie es nicht unser Lebenssinn ist, wie die äußeren Meister selbst zu werden. Jeder von uns trägt diesen inneren Meister in sich selbst. Die äußeren Meister wirken beispielhaft für eine bestimmte Strecke unseres Weges.

3.

Vicky Wall, Dev-Aura und Aura-Soma-Essenzen

Der größte Lehrer ist in Dir selbst.
Was wir anbieten, sind nur Anhaltspunkte.
Vicky Wall

Bevor ich von meiner ersten Begegnung mit Vicky Wall erzähle, will ich erwähnen, wie ich überhaupt zu ihr fand. Ich organisierte für meine Schweizer Freundin Esther Joy König spezielle Einzelsitzungen in meiner Praxis. Wir empfinden uns als Seelenschwestern und unterstützen uns gegenseitig.

Als sie im Herbst 1989 wieder einmal bei mir war, hatte sie die ganze Reihe der Aura-Soma-Meisteressenzen mitgebracht und in einem Halbkreis auf einem Arbeitstisch aufgestellt. Es erweckte sofort meine Aufmerksamkeit, und sie fragte mich, ob ich eine wählen wolle.

Natürlich wollte ich das. Ich ließ mir einen Moment Zeit, schloß meine Augen und zog intuitiv eine blaßgelbe Essenz, ihr Name war Lady Portia. Esther Joy sagte mir, daß ich einen Tropfen in meine Handinnenfläche und meine Pulsstelle am Handgelenk geben solle und zeigte mir, wie man die Essenz in die Aura einfächelt. Ich tat dies und war noch nicht ganz fertig, als ein urplötzlich auftretender Ohrenschmerz wie ein scharfer Messerstich meine ganze Aufmerksamkeit auf sich lenkte. Ich war sehr überrascht, denn mit einer solcher Körperreaktion hatte ich nicht gerechnet. Ich erwartete wohl eher ein meisterlich-erhebendes Gefühl.

Mir kam sofort der Begriff Gehorsam in den Sinn und mir fiel ein, daß ich als Kleinkind unter vielen Ohrenproblemen und einmal unter einer ganz schlimmen Mittelohrvereiterung gelitten hatte, bei der das Trommelfell geöffnet werden mußte. Im Prinzip waren es Bruchteile von Sekunden, in denen ich tief an einer Wurzel berührt war, die mir selbst meine Verhaltensweisen, wie zuhören, gehorsam-sein und so weiter, bewußt machten. Unmißverständlich erkannte ich Zusammenhänge ohne eine Bewertung von mir in der Vergangenheit. Ich empfand großen Respekt und Achtung vor dieser intensiven und überraschenden Wirkung.

Meine Freundin eröffnete mir, daß sie nächstes Frühjahr nach England zu ihrem ersten Aura-Soma-Seminar fahren werde und fragte mich, ob ich ebenfalls daran Interesse hätte. Ich ließ mir ein paar Tage Zeit, aber meine innere Entscheidung war gefallen, diese Essenzen hatten mein Interesse geweckt.

Im März 1990 fuhr eine Gruppe schweizer und deutscher Therapeutinnen nach Tetford. Der Flug ging über London und dann folgten einige Stunden mit dem Zug in den mittleren Teil Englands nahe der Ostküste. Dort wurden wir am Bahnhof abgeholt und kamen alle recht gespannt und wißbegierig an.

Tetford ist ein keltisches Ringdorf und strahlt eine ganz besondere Atmosphäre aus. Ebenso die alte große Villa mit dem ebenso alten Garten. Sie nannten dieses Seminarzentrum von Aura-Soma *Dev-Aura*. Viele der für die Essenzen verwendeten Heilpflanzen wuchsen hier. Etwas Heimeliges und Vertrautes umgab mich; ich fühlte mich *wie zu Hause angekommen*.

Noch bevor das Seminar anfing, hielten wir uns in einem Raum auf, der die ganze Farbenpracht von Aura-Soma wiedergab. Auf einem speziell angefertigten Gestell standen die zweifarbigen Glasflaschen der Balance-Öle, die unter der Beleuchtung strahlten und uns wortlos einluden, sie anzuschauen. Farben und Menschen wirken ohne Worte und Erklärungen aufeinander.

Mike Booth, der Vertraute und Mitarbeiter von Vicky Wall, hieß uns willkommen; und nach dem Essen und dem ersten Kennenlernen, begegnete ich dann zum ersten Mal Vicky Wall. Ich wußte nicht, ob ich eine reife Frau oder einen reifen Mann sah, sie wirkte auf mich *androgyn;* auf ganz harmonische Weise fühlte ich in ihr gegensätzliche Dinge vereint. Sie besaß eine unbeschreibliche Ausstrahlung. Wenn sie in der Nähe weilte, mußte ich sie immerzu anschauen und hinspüren. Es ging ein Strom tiefer Liebe und Weisheit von ihr aus. Auch wenn ich in dem Seminar, das in englischer Sprache gehalten wurde, nicht alle Vokabeln verstand, ich war mir sicher, daß sie und Mike Booth den Inhalt auch ohne Worte vermittelten.

Auch Mike Booth ist nach meinem Empfinden ein Mensch, der *weiß*, der mit seinen Augen hinter die Fassade schaut und das Wesentliche erkennt. Er ist ein Mensch, der ohne viel Worte viel mitteilt. Es waren jedesmal tiefe innere Erlebnisse, ja Reifungsschritte in Dev Aura, beziehungsweise in Tetford. Allein in dem keltischen Dorf oder auf den umgebenden Hügeln spazierenzugehen, waren Erfahrungen, die zum Seminarinhalt gehörten. Dev-Aura ist ein Ort, an dem sich mir Tore öffneten, an dem ich mich auf neuen Entwicklungsebenen einfand, wo ich verborgene Anteile in mir selbst wiederentdeckte, mich vertraut und im Universum der Farben und Kräfte heimisch fühlte.

Nach diesen intensiven Tagen kehrten alle Teilnehmerinnen erfüllt nach Hause zurück. Wir empfanden, ganz unabhängig voneinander, daß wir sehr bald noch einmal zu Vicky Wall wollten und organisierten das auch. Im August des gleichen Jahres erweiterten wir unser Wissen und bereicherten unsere persönlichen Erfahrungen in Dev Aura. Wir hatten alle – unausgesprochen – das Empfinden, daß Vicky Wall nicht mehr sehr lange in ihrer Körperhülle bleiben würde. Und so war es denn auch keine Überraschung, als wir erfuhren, daß Vicky Wall im Januar 1991 ihre Seinsebene wechselte und ihren kranken Körper verließ.

Auch wenn sie körperlich nicht mehr unter uns ist, spüre ich sie dennoch energetisch im Universum. Ihre Weisheit und ihre Liebe sind für mich noch immer faßbar, ihre Arbeit und das, was sie ins irdische Leben gerufen hat, wird durch Mike Booth weitergetragen und erweitert. Wenn ich jetzt über Aura-Soma schreibe, spüre ich sie bei mir, ich sehe ihr zuweilen strenges, dann wieder ihr liebevolles und lächelndes Gesicht.

Wenn ich im folgenden über Vicky Wall und ihre Aura-Soma-Entwicklungen schreibe, ist es mir wichtig, mit ihr und Mike Booth in energetischer Verbindung zu sein, um das, was sie sagte und tat, in unverfälschter Weise wiederzugeben. Mike Booth und ich nannten dies in einem Gespräch: „To be on a mental line" (in geistiger Verbindung zu sein). Ich vertraue meiner inneren Führung, die mit Vicky Wall und Mike Booth in mentaler Resonanz schwingt.

Vicky Wall war das siebte Kind eines sehr spirituellen Vaters, der sie von Kindheit an unterstützte, ihre Intuition zu entwickeln und ihren Erfahrungen zu vertrauen. Ihr Vater war ein Meister der Kabbala. Das Wort Kabbala kommt aus dem Hebräischen und bezeichnet die Überlieferung der inneren Erkenntnislehre der jüdischen Mystik. Vicky Wall war von Beginn ihrer Inkarnation hellsichtig und suchte sich durch ihren Vater die Umgebung und Unterstützung, die sie zur Ausführung ihrer Seelenaufgaben brauchte.

Ihr Leben stellte sie sehr in den Dienst der Menschheit und arbeitete bei einem Pharmazeuten in einer Apotheke und dann als Fußpflegerin in eigener Praxis, wo sie die Menschen mit ihren heilenden Händen und ihren eigens hergestellten Mixturen behandeln konnte.

Mit zunehmendem Alter wurde ihr mehr und mehr das äußere Augenlicht entzogen, sie wurde blind. Ihre Hellsichtigkeit blieb. Sie erzählte in einem der Kurse, daß sie zunächst mit Gott gehadert hätte. So oft hätte sie der Menschheit gedient und so vielem entsagt, warum sie denn nun mit Blindheit gestraft werden würde. Je mehr sie aber mit ihrer Hellsichtigkeit gearbeitet und ihr vollends vertraut hätte, um so mehr habe sie das Geschenk und den Auftrag ihrer Hellsichtigkeit wertgeschätzt. In einem Herzen, das wirklich versteht, gibt es so etwas wie Strafe nicht.

1984 geschah es dann. Vicky Wall war damals sechsundsechzig Jahre, als sie sich in ihren täglichen Meditationen geführt fühlte, bestimmte Essenzen in speziellen Glasflaschen zu mischen. Sie erzählte einmal, daß sie schon immer sehr gerne Tinkturen zusammengemischt hätte, und so sei sie zunächst nicht verwundert gewesen, dennoch waren diese neu geschaffenen Mixturen etwas ganz Besonderes. Sie verstand zuerst noch nicht, wofür diese bestimmt waren.

Der Inhalt der Flaschen bestand zur Hälfte aus einer öligen und zur anderen Hälfte aus einer alkoholischen Flüssigkeit. Beide wiesen verschiedene Farben auf. Durch Schütteln ergab sich kurzzeitig eine gemischt-farbige Emulsion, die sich dann wieder in ihre Bestandteile und ihre Farben trennte. In der vergangenen ägyptischen Kultur wurden ähnliche Mischungen als Schönheitstinkturen hergestellt, weil die Haut diese Mischung besonders leicht aufnimmt. Vicky Wall dachte zunächst, es könnten solche Schönheitsmischungen sein, die eben noch mit den Kräften der Farben verbunden waren. Sie erkannte nach und nach, daß sie *der Schönheit und dem Heilwerden der Seele dienen sollte* und entwickelte immer neue Farbkompositionen, wie Blau über Gelb, Rot über Grün und so weiter. Inzwischen gibt es fünfundneunzig verschiedene Balance-Farbkombinationen, wobei das Sortiment noch nicht abgeschlossen ist.

Vicky Wall war aufgrund ihrer Seelenqualitäten, ihrer Sensitivität und ihrer Erfahrungen dazu auserwählt, geistige Kräfte als Informationen mit der dichten irdischen Ebene in Form von mineralischen und pflanzlichen Essenzen zu verbinden. Licht als Information und Liebe als Schöpfungsenergie. Sie vermochte es, in ihrer Liebe zur Menschheit, geistige Qualitäten zu materialisieren. Sie verknüpfte zwei Dimensionen, indem sie Information einer anderen Dimension in natürlich vorkommende Flüssigkeiten einfließen ließ.

Der Name Aura-Soma wurde ihr ebenfalls eingegeben. Er verbindet die Feinstofflichkeit der Aura als Nicht-Materialität mit der Stofflichkeit und Materialität des Körpers. Das Wort Aura kommt aus dem Lateinischen und verweist auf Aurora, die römische Göttin der Morgenröte. Das Wort Soma bezeichnet im Griechischen den Körper und im

Sanskrit eine lebendige Energie. Vicky Wall übersetzte Aura-Soma als *das Licht, manifestiert in lebendigen Energien.* Geist und Materie in einem, oder anders gesagt: stofflich gewordener Geist und spiritualisierte Materie in einem.

Die Aura-Soma-Essenzen wirken auf unsere feinstofflichen Körper ebenso wie auf die grobstofflichen. Verändert sich das Zellbewußtsein, so wirkt sich das umgehend in der Aura aus und umgekehrt.

Vicky Wall vertraute ihrer inneren Führung und schenkte ihre Neuschöpfungen der Menschheit. Sie präsentierte die Balance-Öle auf Ausstellungen, von ihrer Freundin und Kollegin Margaret Cockbain begleitet. Beide nahmen überraschend die Rückmeldungen von Interessenten entgegen, die sich von den farbigen Kombinationen angezogen fühlten.

Vicky Wall stellte fest, daß sich die Menschen gemäß ihren individuellen Auren die *passenden oder ergänzenden* Farben in den Balance-Ölen wählten. Die Farben und Informationen der Aura-Soma-Essenzen korrespondierten mit den Farben der menschlichen Aura, und es gab Heilreaktionen auf körperlichen und geistig-seelischen Ebenen.

Die Qualität der Farbe, die der Mensch intuitiv und ohne den bewußten Verstand wählte, schwang in Resonanz mit der eigenen Qualität seines Wesenskerns. Die gewählte Farbe verstärkte oder erweckte etwas. Etwas, was der Mensch zum Ganz- oder Heil-Werden benötigte. In ihrer Hellsichtigkeit sah Vicky Wall, wie die Aura-Farben des Menschen mit den von ihm ausgewählten Balance-Ölen übereinstimmten. Das ist eine alte, vielleicht in einigen von uns verschüttete Weisheit, die schon im Tibetischen Totenbuch aufzufinden ist: *Das innerste Wesen eines Menschen drückt sich in einer Farbe aus.*

Deshalb gibt es seit Urzeiten Farbtherapien in den verschiedensten Variationen. Der Mensch weiß in seinem Innern von der Heilkraft der Farben und wendet sie intuitiv in seinem Alltag mehr oder weniger bewußt an. Wie wir uns kleiden, wie wir unsere Umgebung gestalten, welche Farben wir *essen*, all das spielt eine Rolle. Das elektromagnetisch gesehen langwellige Rot übt auf den Wesenskern des Menschen eine andere Wirkung aus als das kurzwellige Blau, und das wiederum eine andere Wirkung als das Grün. Die Wirkungen der einzelnen Farbenergien werden im nächsten Kapitel der Chakra-Pomander genauestens beschrieben.

Vicky Wall war es wichtig, mitzuteilen, daß die Farbwirkungen über die Wechselwirkungen mit dem elektromagnetischen Feld hinausgehen und Entwicklungen auf anderen Seinsebenen veranlassen – so der Mensch bereit dazu ist, denn die Bereitschaft und gar die innere *Erlaubnis* zur Heilung liegt allem zugrunde.

Es war eine Fügung des Schicksals, daß sich Vicky Walls und Mike Booths Lebenswege im selben Jahr, 1984, kreuzten. Er ist, wie Vicky Wall es auch war, ein *tiefer* Mensch. Bis zu jenem Zeitpunkt studierte er Kunst und Erziehungswissenschaften und arbeitete viele Jahre als Künstler und Managementtrainer. Er besitzt Kenntnisse in der Homöopathie und im buddhistischen Wissen. Nach der Begegnung mit Vicky Wall arbeiteten sie fortan zusammen und ergänzten sich in ihrer Arbeit. Sie sagte einmal über ihn, daß er ihr seine Augen leihe. Er unterstützte sie in ihrer geistigen Arbeit und auch körperlich, denn Vicky Wall war durch Diabetes mellitus (Zuckerkrankheit) und eine durch einen Herzinfarkt entstandene Herzschwäche zunehmend auf Hilfe angewiesen. Als sie in ihrem tiefsten Inneren wußte und darauf vertrauen konnte, daß die Arbeit, die sie in die reale Welt hineingebar, weitergetragen würde, konnte sie diese Welt körperlich verlassen.

Noch während der gemeinsamen Zeit von Vicky Wall und Mike Booth wurden neben immer neuen Farbkombinationen von Balance-Ölen auch die Pomander und Quintessenzen geboren. Schon während meines ersten Aufenthaltes in Dev Aura war mir klar, daß es meine Aufgabe sein würde, mit den Pomandern und Meisteressenzen zu arbeiten. Ich werde nur in kurzer Beschreibung auf die Balance-Öle eingehen, dazu gibt es für Interessenten Lesematerial von Mike Booth (siehe Literaturliste).

Die immer größer werdende Anzahl von speziell dafür ausgebildeten Aura-Soma-Beratern, die die Anwendung der harmonisierenden Farbtherapie initiieren und begleiten, spricht für den geistigen Hunger der Menschen nach diesem schönen und tiefen Heilungsweg. Die Kontaktanschriften der Ausbilder und Berater sind in dem Buch von Mike Booth angegeben.

Das Wissen der Aura-Soma-Pomander und Quintessenzen paßte wie ein fehlendes Puzzle-Stück in mein Weltbild von Therapie und Heilung. In meiner naturheilkundlichen Praxis arbeitete ich schon seit Jahren mit der klassischen Homöopathie, Edelsteintherapie, Bachblüten und Reiki in Verbindung mit klärenden und bewußtmachenden Gesprächen.

Diese zwei Aura-Soma-Produkte von den drei möglichen konnte ich inhaltlich wunderbar in meine Arbeitsmethoden eingliedern. Sie sind ein ergänzendes und vertiefendes Geschenk des Universums für mich und meine Art der Arbeit. Die Anwendung der Balance-Öle stellt für mich eine weitere Arbeitsmethode dar, die ich zusätzlich zu meinen bestehenden Methoden noch nicht aufgenommen habe. Mir ist es wichtig, die Balance-Öle durch meine geringere Beschreibung nicht zu entwerten, der Schwerpunkt dieses Buches liegt in den Pomandern und Meisteressenzen.

Von dem, was Vicky Wall über die Farben und ihre Wirkungen erzählte, war mir vieles schon vertraut, was ich in den Jahren meiner persönlichen Arbeit mit mir selbst und der Arbeit in der Praxis mit den farbigen Edelsteinen erfahren habe. Die heilenden Kräfte der Edelsteine und Kristalle wirken durch ihre verschiedenen Formen, ob naturbelassen oder geschliffen, durch ihre Beschaffenheit, ob dicht, durchscheinend oder klar, und nicht zuletzt durch ihre Farben. Ein tiefroter Jaspis belebt und wirkt auf einer anderen Ebene als ein grün-blau strukturierter Chrysokoll oder gar ein klar violetter Amethyst.

Über die Farbqualitäten der Edelsteine fand ich Zugang zu der damit verwobenen Weisheit des ganzen Lichtspektrums. Das Licht ist im Prinzip eins. Ich stelle es mir so vor, daß die Aufgliederung in die einzelnen Spektralfarben nur unserem menschlichen Verständnis dient. Das Blau im Regenbogen existiert nicht alleine, sondern bleibt immer Teil des ganzen Lichtes. Über das Blau, zum Beispiel über die blauen Edelsteine und blaue Aura-Soma-Essenzen, erfahre ich die *eine* Energiequalität besonders gebündelt und intensiv.

Farben sind für uns wie Botschaften, die tiefe Weisheiten enthalten. So wie eine Facette nur ein Teil des ganzen geschliffenen Edelsteins ist. Vicky Wall sagte einmal, *daß die Farben wir Tore sind, durch die die entsprechende Weisheit in uns eintreten kann.* Die Wellenlänge einer Farbe sei wie ein Schlüssel, der den Körper an der richtigen Stelle und zur richtigen Zeit aufschließen könne.

Es war daher für mich sehr stimmig, als ich erfuhr, daß Vicky Wall auch Edelsteinenergien in ihre Essenzen mischte. Edelsteine und Kristalle sind von Gott geschaffene Materie und im Werden und Reifen mit allumfassender Liebe und Weisheit durchdrungen. Sie sind Botschafter des mineralischen Reiches, so wie die Heilkräuter die Botschafter des Pflanzenreichs sind. Alle dienen einer Sache – der Gesunderhaltung, der Heilung und der Bewußtseinsschulung in den symbiotischen Beziehungen des Universums.

Die Balance-Flaschen waren das erste Geschenk, daß sich in Vicky Walls Führungen zeigte. Die Grundidee ist eine ölige Flüssigkeit im unteren Teil einer rechteckigen Glasflasche mit einer darüber andersfarbigen alkoholisch-wäßrigen Flüssigkeit. So kann Rot über Blau stehen, Grün über Klar oder Gelb über Violett. Es gibt auch zarte Kombinationen von Hellgelb über Hellgrün oder Klar über Hellblau.

In wem das Interesse für die Balance-Flaschen geweckt wurde und wer mehr über die Auswirkungen dieser Farbkombinationen wissen will, dem rate ich, Kontakt mit einem ausgebildeten Aura-Soma-Berater aufzunehmen, um die Farbpalette im Ganzen staunend zu erfassen, beziehungsweise sich weiteres Lesematerial durch das autobiographische Buch von Vicky Wall oder das Aura-Soma-Buch von Mike Booth und Irene Dalichow zu besorgen (siehe Literaturliste).

Die Aura-Soma-Pomander entstanden im April 1986 in ähnlicher Weise wie die Balance-Öle. Vicky Wall bekam eine innere Anweisung, ihre bis dahin lange gesammelten und gehüteten Pflanzen- und Blumenelixiere in eine spezielle Alkoholmischung zu geben. Wieder erfüllte sie den inneren Auftrag, ohne genaues Wissen wofür und warum. Sie vertraute und erlebte dann während einer Ausstellung mit Mike Booth in Dänemark, zur Zeit des Tschernobyl-Unglücks, wie stark der harmonisierende Effekt des gerade geborenen ersten weißen Pomanders war. Er reinigte und verbesserte die schlechte Atmosphäre deutlich.

Vicky Wall erkannte, daß die Balance-Öle durch direktes Auftragen auf die Haut oder Aufnehmen der Farbqualität über die Augen die persönlichen Themen eines Menschen harmonisieren. Die Pomander wirken jetzt *nicht direkt* über die Haut, sondern über das ätherische Feld der Aura. Dazu gibt man drei Tropfen in die Handfläche, verreibt diese und fächelt sie in die Aura eines Menschen oder in einen Raum. Der Ausdruck Pomander bezeichnet eine Methode, Düfte für Schutz- und Heilzwecke zu verwenden. Aus der englischen Sprache wird Pomander auch mit Duftkugel übersetzt. Bei den Pomandern ist nicht nur die *Energie der Farbe wichtig, sondern auch ihre Duftkomposition.*

Ich erinnere in diesem Zusammenhang an die alte Kunst, etwas auszuräuchern oder den Duft heilbringender Kräuter einzusetzen. Die Aromatherapie verbindet sich hier mit der Farbtherapie. Ich erwähnte schon, daß Vicky Wall es liebte, Mixturen herzustellen und verschiedene Anteile zu mischen. In den Pomandern kommt das ganz besonders zum Tragen, denn sie beinhalten jeweils neunundvierzig Anteile. Sie liebte die Zahl sieben, da sie es als symbolisch sah, das siebte Kind eines siebten Kindes zu sein – auch ihr Vater war das siebte Kind in seiner Familie.

Pflanzen und Blumen waren für Vicky Wall lebendige Energie, sie sprach mit ihnen und hatte von ihrem Vater gelernt, keine Blume unachtsam zu pflücken, sondern nur dann, wenn durch die Blume ein Bedarf gedeckt werden konnte. Ihr Vater lehrte sie: Leben ist zu achten und nicht da, um verschwendet zu werden! Sie behandelte gepflückte Pflanzen oder Blumen als Wesenheiten, die sich in Selbstlosigkeit verschenken, gar opfern. In Vicky Walls Essenzen würden sie weiterleben. Sie sprach von reinkarnierten Energien der Blumen in den Tinkturen, denn ihr Wesen und ihre Qualitäten *lebten* durch die Aura-Soma-Schöpfungen weiter, beziehungsweise wieder.

Noch heute wachsen die Pflanzen, die für die Herstellung der Pomander gebraucht werden, im Garten von Dev Aura, dem Ausbildungszentrum von Aura-Soma. Wenn Essenzen oder ätherische Öle als Duftstoffe gebraucht werden, arbeitet Aura-Soma mit Produktionsgemeinschaften, von denen gewährleistet ist, daß die Pflanzen mit großer Sorgfalt und im Einklang mit ihren Lebens- und Reifungsrhythmen behandelt werden und bei denen ebenso der Ernteprozeß nach rituellen Gesetzmäßigkeiten abläuft.

Das für die Aura-Soma-Produkte verwendete Wasser wird eigens dafür energetisch ausbalanciert und mit ultraviolettem Licht keimfrei bestrahlt. Das Trägeröl für die Balance-Öle ist ein spezielles neutrales Pflanzenöl. Das Hineinbringen der spirituellen Lichtinformation, also das energetische Wesen der Farbe, in die Flüssigkeit geschieht durch einen energetischen Prozeß.

Es mag für Zweifler erst recht Skepsis wecken, wenn man mit dieser Art und Weise noch keine Erfahrungen gesammelt hat. Dieser energetische Prozeß besteht darin, daß sich Vicky Wall, beziehungsweise jetzt die Menschen in Dev Aura, die die Tinkturen und Tägerstoffe bearbeiten, als *Kanal* zur Verfügung stellen, so daß höhere Lichtwesen durch ihren Körper arbeiten können. Ein Mensch ohne diese spirituelle Verbindung zu höheren Dimensionen wäre nicht fähig, solche Werke zu vollbringen. Es braucht dazu die absolute Bereitschaft, sein individuelles Ego zurückzustellen und dem Höheren Selbst den aktiven Raum zu überlassen. So als wirkten äußere Meister im Einklang mit dem inneren Meister in einer produktiven Einheit.

Auch das Einbringen der Edelsteinenergien geschieht auf energetischem Weg – und zwar durch kabbalistische Invokation, ein kraftvolles Ritual der Anrufung mit Worten, bei der die Energien des Kristalls oder des farbigen Edelsteins übertragen werden. Auch das geht nicht allein mit dem menschlichen Willen, sondern erfordert von dem, der diesen Vorgang ausführt, daß er sich auf spezielle Faktoren *einstimmt*.

Ich habe bei einem Aufenthalt in Dev Aura eine Invokation an mir selbst durch Vicky Wall und Mike Booth in Verbindung mit dem Meister Maha Chohan erlebt und erzähle diese Geschichte in der Beschreibung dieses Meisters. Es ist in vielen Dingen so, daß ich sie erst dann wirklich begreifen konnte, als ich es persönlich erlebte.

Manchmal ist es im Leben sinnvoll, etwas erst einmal stehen zu lassen, ohne es mit dem Verstand zu zerpflücken. Es gibt viele Geschehnisse, die im Grenzbereich von Nachweisbarkeit liegen, dennoch sollten wir sie nicht als unwahr abtun, sondern offener für neue Methoden werden, die uns die Wahrheiten wirklich zeigen. Mit der modernen Form der Hochfrequenzfotografie, der Kirlian-Fotografie, kann ein energetischer Vorher- und Nachherzustand (im Falle einer Invokation) sichtbar gemacht werden.

Den Inhalt der Meisteressenzen oder Quintessenzen zu beschreiben, wird nun noch herausfordernder für den kritischen Verstand, beziehungsweise noch stimmiger für die, die ihrer eigenen Weisheit, aus dem Inneren kommend, vertrauen. Die Aura-Soma-Meisteressenzen gibt es als zweifarbige Balance-Öle in *Glas*flaschen und in der alkoholischen Flüssigkeit eines Pomanders im *Plastik*fläschchen.

Ich gestehe, daß ich bei meinem ersten Kontakt damit auch meine Schwierigkeiten hatte, zuzulassen, daß solche wertvollen Meisterschwingungen in Plastikfläschchen gehandhabt werden. Mit englischem Humor hieß es, daß sei doch ganz praktisch. Die kleinen Quintessenzfläschchen können so in Rock- und Hosentasche oder in der Handtasche stets mit sich getragen werden und in ganz einfacher Form angewendet werden, und wenn es sein muß auch sehr diskret. So habe ich es dann auch tatsächlich erlebt.

Die Meisteressenzen verteilt man, ähnlich dem Pomander, auf die Haut, und zwar auf die Pulsstelle am Handgelenk, wobei man eventuell noch einen Tropfen in die Handfläche gibt. Dann fächelt man die Essenz in der Nähe des Körpers in die Aura. Man atmet den Duft und die *Information* ein und öffnet sich der speziellen Botschaft. Man kann dies ganz diskret tun, zum Beispiel kurz vor einem Vortrag, wenn alle schon erwartungsvoll schauen, oder in einer kurzen Pause während eines schwierigen Gesprächs. Dann gibt man einen Tropfen der gewählten Essenz auf den Puls und hält seine Hände unauffällig vor das Chakra, dessen Kraft man in der Situation stärken oder gar schützen will, zum Beispiel vor dem Herz-Chakra oder dem Solarplexus.

Die Meisteressenzen als Balance-Öle sind meist nicht zweifarbig, sondern es begegnen sich Hellblau über Hellblau als ölige und alkoholische Flüssigkeit, oder Smaragdgrün über Hellgrün. Ich nenne die entsprechenden Farben bei der einzelnen Meisterbeschreibung.

Die alkoholischen Quintessenzen bestehen nun wie die Pomander aus neunundvierzig Pflanzenextrakten und Edelsteinschwingungen und – und das unterscheidet sie von den Pomandern – der Botschaft und Energie eines erleuchteten Meisters. Sie wirken auf einer höheren Ebene als die Pomander und erschließen uns neue Ebenen oder gar Dimensionen.

Es sind Erinnerungen daran, daß alles Wissenswerte für äußere Lebenssituationen und innere Lebenseinstellungen um uns herum und in uns existieren und wir uns als Mensch oder Suchender nur dafür zu öffnen brauchen. Wir sollten die Schwingung zulassen und im Einklang mit ihr *mitschwingen*. Vicky Wall nannte sie auch spaßig "den heißen Draht zum Himmel".

Ich vergleiche die Meisteressenzen in vereinfachter Weise manchmal mit einer homöopathischen Hochpotenz, es ist keine Materie, die auf den Menschen wirkt, sondern *nur* die Information. Sie sind wie ein Schlüssel zu einer bisher verschlossenen Tür. Im übertragenen Sinn erhalten wir von einem Meister den Schlüssel, das Aufschließen, Hineinschauen und Hineingehen müssen wir selbst beitragen. Wenn wir dann unsere mentalen Widerstände aufgelöst haben, werden wir feststellen, daß es in uns gar keine verschlossenen Türen gab. Die Meisteressenzen stimmen uns auf die entsprechenden Wellenlängen ein, und bei diesen speziellen Energien bedarf es schon einer Feineinstellung, damit Sender und Empfänger richtig funktionieren.

Aus meinem Inneren vertraue ich, daß Avatare und geistige Lebensmeister nichts mit uns Menschen tun können, wenn *wir* das nicht wollten. Sie warten darauf, daß sich Menschen wie Vicky Wall und inzwischen viele andere in

Konzentration und innerer Bereitschaft als vermittelnder Kanal zur Verfügung stellen, damit sie durch solche Menschen wirken können.

Meister dieser Art vermögen uns auf verschiedenen Wegen zu begegnen, die Aura-Soma-Essenzen sind *eine* Möglichkeit davon. Sie unterstützen uns in unseren jetzigen Lebensphasen und lehren uns, wie wir uns für das Neue Zeitalter vorbereiten können. Veränderungen werden kommen, wir können üben, uns auf höhere Energien vorzubereiten, damit die Schwingungsfrequenzen unserer Zellen, Organe und Organsysteme höher werden und wir im liebevollen Einklang von Geist und Materie schwingen.

# 4.

Die farbigen Pomand…

Denke daran: Du kannst nicht verlassen, was Du nicht kennst. Um jenseits Deiner selbst zu gelangen, mußt Du Dich selbst kennen.

Sri Nisargadatta Maharaj

Die Aura-Soma-Pomander wirken durch ihre Farben, ihren Duft und ihre Edelsteinenergien ganz besonders intensiv auf unsere Chakras, die energetischen Zentren in unserem feinstofflichen Ätherleib. Ein Chakra kann man sich als dreidimensionales, pulsierendes Rad vorstellen, das rhythmisch vom Zentrum her nach außen hin kreist. Dabei versprüht es ständig Energie, wie das Bild einer Quelle, die überläuft und die entsprechende Schicht der feinstofflichen Körper versorgt. Die Chakras sind Kraftzentren oder Brennpunkte, sie nehmen Energie aus dem Kosmos und von der Erde auf und verändern oder transformieren sie in für den Körper und Geist brauchbare Energie. Es sind energetische Umschlagplätze, wichtige Brennpunkte zwischen Körper und Geist.

Die sieben Haupt-Chakras liegen entlang der Wirbelsäule und werden vom ersten im Beckenbodenbereich bis hin zum siebten über dem Scheitel im Rahmen der Pomander-Beschreibungen erwähnt.

Speziell in unserem Körper gibt es auch zahlreiche Neben-

...as, zum Beispiel in den Handflächen, auf den Fußsohlen, an den Knien und so weiter.

Die energetische Verbindung, die unsere einzelnen Chakras untereinander versorgt, ist der Lebensstrom. Er fließt in allem Lebendigen und ist in Resonanz mit der individuellen Seelenschwingung. Es kann vorkommen, daß durch körperliche Symptome oder starke Gefühle wie Angst und Zorn der Lebensstrom eingeengt oder gar im Fluß abgelenkt wird und staut.

Die farbigen Pomander sind hierbei wundervolle Hilfen, mit der Energie der Farben, Düfte und Edelsteine die erforderliche Hilfe anzubieten, den Lebensstrom wieder in gesunden Fluß zu bringen. Werden die einzelnen Chakras vom Lebensfluß durchströmt, spüren wir das oft als positive Lebensenergie.

Von Vicky Wall lernte ich, die Pomander vor allem als *Schutz für die Aura* anzuwenden. Wenn Balance-Öle auf den Körper aufgetragen werden, *arbeiten sie* auf verschiedenen energetischen Ebenen. Um sich in solchen Öffnungsprozessen geschützt zu fühlen, empfahl Vicky die zusätzliche Anwendung in diesen Verarbeitungsprozessen. Die Pomander wirken jedoch auch ohne die Verbindung zu anderen Aura-Soma-Produkten.

Die Pomander bieten ihre Kräfte an, sei es, daß wir die Kraft benutzen, um unsere Aura nach außen hin zu stärken oder sei es, daß wir der Kraft erlauben, nach innen zu wirken, wo sie die entsprechenden Lebensthemen bestärken. Oft gehen diese Wirkungen nach außen und nach innen Hand in Hand. Begleiten wir mit unserer Aufmerksamkeit solche Prozesse, dann geben wir selbst Kraft, Liebe und Verständnis dazu, und die Verarbeitung kann dadurch beschleunigt oder eben sehr bewußt werden.

Viele von uns wollen in ihrem Alltag funktionieren und geben sich erst gar keinen Raum für spirituelles Wachstum. Wir lernen, unsere täglichen Anforderungen als geistige Herausforderungen anzusehen und leben Spiritualität ganz konkret in unserer Realität. Die Pomander sind Unterstützungen eben gerade für den spirituell gelebten Alltag.

4.1 Der rubinrote Pomander

Wie sehr irren sich jene, die da glauben,
ein hohes Geistleben zu führen,
während ihr Körper in Müßigkeit
und Überfluß dahinlebt:
der Körper ist stets der erste Schüler der Seele.
Östliche Weisheit

Die Farbe des rubinroten Pomanders ist ein tiefes, dunkles Rot, er duftet holzig, erdig und würzig. Seine ätherischen Öle sind Zeder und Lorbeer, seine Edelsteinenergien entstammen unter anderem dem Granat, dem Rubin, dem Blutstein und dem Karneol.

Bei der Beschreibung der einzelnen Pomander beginne ich gleich mit der einzigen Ausnahme, daß ich zwei Farben unter der gleichen Rubrik beschreibe. Der rubinrote und der rote Pomander wirken auf das gleiche Energiezentrum. Der Unterschied ihrer Wirkung liegt darin, daß der rubinrote noch *extrem stärker* wirkt als der rote. Während der rote Pomander im alltäglichen Gebrauch sinnvoll ist, sollte der tiefrote in persönlichen Extremsituationen und zum Beispiel auch für den Schutzaufbau und die Reinigung von Räumen verwendet werden.

4.2. Der rote Pomander

Wachstum ist das Gefühl, daß das Uranfängliche
zu seinem Ursprung in die Ewigkeit dringt.
Verfasser unbekannt

Der rote Pomander duftet fruchtig, würzig bis erdig, seine ätherischen Öle entstammen dem Sandelholz, dem Wacholder und den Nelken, seine Edelsteinenergien bestehen aus dem Granat und dem Rubin.

Die roten Pomander wirken am intensivsten auf das Basis- oder Wurzel-Chakra im Beckenbodenbereich und auf die dichtesten Strukturen des Körpers, wie zum Beispiel auf das Skelettsystem. *Sie erden am stärksten von allen anderen und verleihen den wirkungsvollsten Schutz.*

Seine Farbenergien erhalten die roten Pomander aus dem langwelligsten Frequenzanteil des Lichtspektrums – und obwohl es im Prinzip das *langsamste Feld der Lichtwellen* ist, bedeutet es für uns das intensivst *vitalisierende*. Man kann sich das so vorstellen, daß das langsamste aus dem Lichtspektrum immer noch um einiges schneller schwingt als unsere körperliche Materie oder das Wurzel-Chakra. Das höher schwingende Blau oder Violett wäre dort so schnell, daß es das Zellbewußtsein nicht anregen würde, in ähnlicher Frequenz mitzuschwingen.

Das Wurzel-Chakra, das erste der Haupt-Chakras, liegt in der Genitalregion im tiefen Becken vor dem Steißbein. Es öffnet sich wie ein Lichtkelch nach unten zur Erde hin, und von dort nimmt es auch Energie auf. Es verbindet uns mit Mutter Erde, die uns trägt und nährt und uns so annimmt, wie wir jetzt gerade sind.

Die Thematik in diesem Chakra ist die Beziehung zur

Erde und zur dichten, materiellen Welt. Durch die roten Pomander aktivieren wir unser Verwurzeltsein und unsere Standhaftigkeit in den ganz realen Lebenssituationen.

In diesem Chakra geht es um ursprüngliche Lebensenergieerzeugung und um den Sitz der Lebenskraft.

Erinnern wir uns daran, daß die Lebenskraft auf alle Vorgänge im Körper Einfluß nimmt. Die Lebenskraft und der Lebensstrom des ersten Chakras steuern unseren existentiellen Lebenswillen und unsere Motivation zum Leben.

Ich betone dies ganz besonders, weil ich in der Praxis sehr häufig erfahre, wieviele Menschen ohne wirklichen Lebensantrieb sind oder sich ihrer Lebensmotivation nicht klar sind. Manche *wollen* gar nicht mehr, wollen auch gar nicht mehr wirklich gesund werden und vermeiden den echten Kontakt mit ihrer Lebenskraft. Manche schleichen sich so aus dem Leben.

Die roten Pomander wirken über das Wurzel-Chakra auf unsere Sexualität und Fruchtbarkeit. Mit der Fruchtbarkeit meine ich jede Form der Kreativität, hier zählen nicht nur körperliche Kinder, sondern viele Facetten unserer Neuschöpfungen im Berufsleben und Privatleben.

In der Sexualität erfahren wir ganz besonders unsere Qualitäten als Frau *oder* Mann. Wieder ist es paradox, denn gerade dann, wenn wir unsere Individualität am stärksten leben, suchen wir in der Vereinigung zweier Körper, und damit zweier Seelen, das Nicht-getrennt-Sein. Wir wollen das Eins-Sein erleben. Die roten Pomander erinnern uns gerade daran – eins zu sein mit allem, was ist, verwurzelt in seiner eigenen Kraft, im Lebensstrom ohne Angst und Hemmungen zu fließen.

Es braucht unsere innere Erlaubnis, diese Urkräfte zuzulassen, ja sogar Ekstase zu erlauben. Im Orgasmus, gleich ob er nun allein oder gemeinsam mit einem Partner erlebt wird, erhöht sich die Schwingungsfrequenz der Körperzellen im Bauchraum, und diese Frequenzerhöhung wirkt sich auf weitere Zentren in körperlichen und in seelisch-geistigen Bereichen aus – wenn wir uns dafür öffnen und diese ekstatischen Energien freudvoll genießen.

Die Rubin-Edelsteinenergie im roten Pomander verbindet zum Beispiel auf harmonische Weise die körperliche mit der geistigen Liebe.

Eine vitalisierende Kraft erfährt auch unser Blutsystem durch die roten Pomander. Tiefrot ist auch die Farbe unseres Blutes. Das Blut ist unser Lebenssaft, ein Tropfen Blut symbolisiert unser gesamtes Wesen. Über den Blutkreislauf ist jeder winzigste Teil unseres Körpers mit dem lebenswichtigen Organ Herz verbunden. Das Blut transportiert in den Gefäßen nicht nur Sauerstoff, fördernde, hemmende und nährende Bestandteile, sondern er läßt auch die Liebe, Wärme und Verständnis des Herzens mit jedem Pulsschlag mitfließen.

Über einen aktiven Kreislauf sind wir *mit allem in uns* verbunden – nichts bliebe unserem Bewußtsein verborgen, wenn wir mit Aufmerksamkeit und Achtsamkeit in uns hineinschauen würden.

Die stärkenden Kräfte der roten Pomander können uns auch die negativen Qualitäten in unserem Bewußtsein sichtbar werden lassen, wenn wir von dem gesunden Mittelweg abgekommen sind. Dann ist das Wurzel-Chakra der Ort, wo Herrschsucht, Dominanz und Suchtverhalten in jeglicher Form ihre Wurzel haben. In dem Wort Sucht steckt *suchen* – ist jemand süchtig, ob es nun Alkohol, Tabletten, Arbeit, Anerkennung oder Liebe ist, sucht er auf der falschen Ebene; dort, wo er diese Befriedigung, nach der er hungert, sicher nicht bekommen wird. Das Suchtmittel selbst ist nur ein Ersatz, der aber letztendlich nicht wirklich innerlich satt macht.

Ich vertraue darauf, und meine Erfahrungen in der Praxis bestätigen mir das, daß die belebenden Kräfte der roten Pomander genau das ins Bewußtsein des Anwenders holen, *wozu der Mensch jetzt reif ist*. Wenn Suchtthemen durch die Anwendung der roten Pomander bewußt werden, dann ist es an der Zeit und die Kraft vorhanden, die zugrunde liegende Thematik aufzugreifen und sie zu verstehen. Aus der wahrhaften Annahme und dem liebevollen Verständnis für sich selbst ergeben sich dann weitere Schritte von ganz allein.

Mag der Weg auch zu Anfang schwer und unerreichbar aussehen, dann ist es ganz besonders wichtig, mit kleinen Schritten anzufangen und diese dadurch entstehenden kleinen Erfolge wertzuschätzen. Jeder Weg beginnt mit einem kleinen Schritt. Nur der Wille, der ehrliche Antrieb aus dem ersten erdenden Energiezentrum muß da sein, dann erhalten nacheinander die folgenden Energiezentren aus dem Lebensstrom ebenfalls Kraft und Zuversicht. Jedes darauffolgende Zentrum hat eine weitere Qualität, die zum Gelingen beitragen kann. Aber *anfangen* muß man.

Ich erinnere daran, daß die roten Pomander auch die am stärksten schützenden Energien beinhalten. Das heißt, sie schützen die Aura und beleben im Bewußtsein des Anwenders, was er ganz konkret in der realen Welt tun kann, um sein Gefühl von Sicherheit zu befriedigen.

Ich werde immer wieder auf das Gegensätzliche oder Paradoxe und die Dualität im Leben hinweisen, denn die roten Pomander erden gleichermaßen, wie sie auch den Auftrieb im Sinne des zielorientierten Lebenswillens stärken.

Jemand, der nicht gut geerdet ist und wenig Verwurzelung spürt, wird wacklig werden, wenn er hoch hinaus will. Wir brauchen die materielle Erde ebenso wie den spirituellen Geist für unsere seelischen Reifungsprozesse.

Die roten Pomander sind die intensivsten von allen, und ich verwende sie deshalb sehr vorsichtig, besonders den rubinroten, wenn es zeitlich gesehen in die Abendstunden geht und der Körper allmählich zur Ruhe kommen sollte.

Wenn man mit dem rubinroten einen Raum reinigen will, werden ebenfalls drei Tropfen der Essenz in die Handinnenfläche gegeben und mit der zweiten verrieben. Dann stelle ich mir vor, daß durch meine Handbewegungen die Raumaura gestärkt und geschützt wird. Negative Einflüsse werden gereinigt, dazu sollte man zum Beispiel eine Tür oder ein Fenster öffnen, damit alles Graue oder Verschleiernde auch wirklich entweichen kann. Ich habe großes Vertrauen in diese mentalen Reinigungen und unterstütze den Reinigungsprozeß mit meinen gedanklichen Kräften.

4.3. Der orange Pomander

Neben der edlen Kunst,
Dinge zu verrichten,
gibt es die edle Kunst,
Dinge unverrichtet zu lassen.
Die Weisheit des Lebens
besteht im Ausschalten des Unwesentlichen.
                    Lin Yu-Tang

Der orange-farbene Pomander duftet fruchtig, würzig bis frisch, seine ätherischen Öle bestehen aus Mandarine und

Zimt. Die Edelsteinenergien entstammen dem Topas, dem orangefarbenen Calcit, dem Sonnenstein, dem Tigerauge und dem Jaspis.

Der orange Pomander wirkt auf unser zweites Chakra, das Sakral-Chakra, dessen Zentrum sich wie ein Lichtkelch unterhalb des Nabels vor der Wirbelsäule nach vorne ausrichtet. Das vorherrschende Element ist hier das Wasser, das heißt, auch hier geht es um den *Lebensfluß und um vitale Lebendigkeit*. Der orange Pomander verstärkt die fließenden, vorwärtstreibenden Kräfte einmal auf der körperlichen Ebene, also zum Beispiel die Schleimhäute des Darmes und der Geschlechtsorgane, und wirkt auf seelisch-geistiger Ebene, so zum Beispiel hinsichtlich *Loslassen, Veränderung und Wechsel*. Nichts ist so beständig wie der Wechsel, auch wenn uns das nicht immer gefällt.

Das Festhalten-wollen erkennen wir in allen Anteilen des Lebens, wir halten an schönen Erlebnissen fest, an alten überholten Lebensprozessen, an Kummer und Leid. Mit den orangen Energien werden wir zum Öffnen unserer Engpässe aufgefordert, so daß der Lebensstrom ungehindert durchfließen kann. Er reinigt uns dabei von alten und verbrauchten Anteilen, das geschieht durch körperliche Ausscheidungen ebenso wie in psychischen Erlebnissen.

Der orange Pomander schenkt heilsame Aktivität, die uns unterstützt, uns mit alten Verletzungen auszusöhnen. Solche alten Verletzungen können zum Beispiel Operationen sein, bei denen mit einem Messer (Skalpell) ein wirklicher körperlicher Einschnitt geschehen ist. Das mag für einige seltsam klingen, da zwar der Verstand mit einem chirurgischen Eingriff einverstanden war, es aber dennoch zu Erfahrungen kam, die das Gefühl noch nicht verarbeiten konnte.

In einem Schock, während eines Unfalls oder während anderer schwerer Verletzungen zwischenmenschlicher Art, kann es passieren, daß der feinstoffliche Wesenskern eines Menschen aus seiner Mitte an die Grenze seiner Aura herausrutscht. Solche Verschiebungen oder Aura-Löcher durch tiefe Verletzungen und Operationen erhalten durch die orange Energie wieder eine Kraft zur Korrektur ins Ausbalanciert-Sein oder die Kraft, solche *Aura-Wunden* wieder ausheilen zu lassen. Oft braucht dieser verletzte Mensch einen sicheren Schutzraum, wo er das Erfahrene noch einmal anschauen und dann freilassen kann. Die Pomander schützen die Aura und schaffen in der eigenen Aura den Raum der Geborgenheit und des Wohlwollens.

Ein weiterer Anwendungsbereich des orangen Pomanders liegt in der harmonisierenden Einwirkung auf das Hormonsystem. Das Sakral-Chakra wirkt energetisch auf die Nebennieren, das sind kleine Drüsen, die wie Kappen auf den Nieren sitzen, mit deren Blutreinigungs- und Ausscheidungsfunktion sie aber überhaupt nichts zu tun haben. Sie bilden in der Nebennierenrinde und im Nebennierenmark Hormone, die unseren Mineralhaushalt steuern, die körpereigenen Kortisone und unsere Streßhormone Adrenalin und Noradrenalin. Darüber hinaus wirken sie ausbalancierend in das gesamte Hormonsystem hinein.

Im inneren Gleichgewicht zu sein, spielt zum Beispiel eine wichtige Rolle, wenn Veränderungen wie die Pubertät oder das Klimakterium oder eben andere Herausforderungen größerer Art auf uns zukommen. Dann gilt es, gut verwurzelt zu sein und durch lebensverändernde Energien zu wachsen und sich zu entwickeln. Dazu braucht es Lebenswillen und natürlich Kraft und Mut.

Der orange Pomander ermutigt, Veränderungen zuzulassen und unterstützt die gesunde Anpassung. Ich spreche ganz bewußt von der *gesunden* Anpassung, denn wir lernen im Leben zu unterscheiden, ob wir gerade in unserem Lebensthema *verbogen* werden oder unsere Kräfte *trainieren* können.

Das Wasser ist das anpassungsfähigste der vier Elemente. Es paßt sich der vorgegebenen Form an, es läßt sich vom Wind aufpeitschen, vom Feuer erwärmen bis dahin, daß es seinen Zustand von flüssig zu gasförmig verändert. Sinkt die Temperatur, geht es in seine Urform zurück. Es ist aktiv am Spiel des Lebens beteiligt – ohne zu hadern oder nachtragend zu sein.

Über das Sakral-Chakra sind wir mit dem Wasser-Element verbunden und durch die orange Farbe mit der lebensfreudigen Vitalität.

Im Wasserbild kann man sehr wohl auch die Dominanz erkennen, es füllt den Raum, der von niemand sonst erfüllt wird. Das heißt, hier kommen wir auch mit dem immerwährenden Thema in Kontakt, mit Grenzen umzugehen. Selbst Grenzen zu setzen und sich im gesunden Maß abzugrenzen, sich Grenzen zu widersetzen und Grenzen zu überschreiten. Eigene Grenzverletzungen zu erkennen und im Einklang mit seinem Inneren zu handeln.

Im Umgang und Ausprobieren mit Dominanz und Grenzen verströmt der orange Pomander seine heilsamen Qualitäten. Im geborgenen Gefühl einer ausbalancierten Mitte erkennen wir unsere Abhängigkeiten und unsere Gestaltungsmöglichkeiten. Denn keinem Zustand, und sei die Verletzung auch noch so groß, sind wir ohnmächtig ausgeliefert. Unsere Seele ist mit allen Fähigkeiten ausgestattet, die auf unserem Reifungsweg gebraucht werden, und das Vertrauen mag in uns wachsen, daß alles zur rechten Zeit am rechten Ort geschieht.

Der orange Pomander ist durch seine kraftspendende und mutmachende Energie auch dafür geeignet, Abhängigkeiten und Co-Abhängigkeiten zu überprüfen. Was heißt es überhaupt, abhängig zu sein?

Gleich zu Beginn unserer Inkarnation waren wir von unserer Mutter und deren Kreislauf und Liebe zwecks unserer Versorgung abhängig und diese wiederum von weiteren äußeren Sachzwängen. Nach unserer Geburt waren wir wieder auf unsere Umgebung angewiesen, denn der Mensch wird nun einmal als ein unselbständiges, bedürftiges Wesen geboren. Dann entwickelten wir uns zu dem, was jeder von uns heute ist – mit allen individuellen Entwicklungsstufen.

Wir haben an dem großen Gewebe des Lebens mitgestaltet und *hängen* manchmal an einem seidenen Faden, der eventuell auch reißen könnte. Wesentlich ist zu erkennen, was diese Abhängigkeiten mit unserem Wesenskern machen. Wovon sie uns abhalten oder zu was sie uns veranlassen. Und was würde passieren, wenn der Faden reißt? Was wäre daran schlimm?

Es mag in der einen oder anderen Situation sehr hilfreich sein, hinzuschauen, was wäre denn wenn... Auf meinem Lebensweg gingen mir bei dieser Fragestellung schon öfters die Augen auf, und ich erkannte, daß meine Vorstellung mir die Sicht auf die Realität verschleiert hatte. Es war dann überhaupt nicht mehr so schlimm, wie ich das zunächst dachte, und ich konnte mich so auf leichte Weise aus Dingen herauslösen, konnte Abhängigkeiten verändern. Es braucht *nur* den Lebenswillen und die Motivation aus dem Wurzel-Chakra und die fließende, in Bewegung bringende Kraft des Sakral-Chakras. Rot und orange sind die ersten beiden, noch relativ langwelligen Energien des Farbspektrums. Mit den nächsten, immer kurzwelligeren werden die beeinflußten Lebensthemen feiner und spiritueller.

4.4. Der goldene Pomander

Vor der Einsamkeit nicht fliehen,
in die Einsamkeit nicht flüchten,
sie von Zeit zu Zeit suchen und aushalten
und der Heilung eine Chance geben.
　　　　　　　　　Jeder Tag ist Leben

Der gold-farbene Pomander duftet fruchtig, blumig, sogar leicht nach Wald. Melisse ist der Anteil des ätherischen Öls, und seine Edelsteinenergien entstammen dem Bernstein, dem Zitrin und auch dem Metall Gold.

Mit dem goldenen Pomander schenkte uns Vicky Wall etwas unschätzbar Wertvolles. Die Farbenergien des Goldes liegen zwischen orange und gelb und somit von der Chakra-Resonanz zwischen dem zweiten oder Sakral-Chakra und dem dritten oder Solarplexus-Chakra. Das dritte symbolisiert das Feuer-Element. Gold liegt demnach zwischen Feuer und Wasser.

Das Wasser kann Feuer löschen, Feuer kann Wasser erwärmen oder so aufheizen, daß es seinen Aggregatzustand von flüssig zu gasförmig ändert. In diesem Bereich bedarf es der inneren Weisheit, wann welche Qualität angebracht ist. Der goldene Pomander unterstützt uns in den schwierigen Prozessen, in denen wir entscheiden, ob wir, dem Wasserelement ähnlich, uns der Situation anpassen oder sie mit der

Kraft des Wassers hinwegschwemmen oder ob wir die wärmende Kraft des Feuers anwenden oder ob wir in der Sache verbrennen. Es geht hier um das sogenannte Fingerspitzengefühl für die Handhabung von Lebenssituationen.

Wenn wir uns mit unserem inneren Lehrer oder Meister in Kontakt befinden und unserer Intuition vertrauen, werden wir wissen, wie wir in der speziellen Situation agieren oder reagieren sollen. Der goldene Pomander bildet in der Aura von außen nach innen den geborgenen Schutzraum, damit wir mit unserer Achtsamkeit nach innen einkehren können, in unsere Tiefen und den Raum der Stille, wo wir im Einklang mit unserem Selbst die Entwicklungsstufe einsehen und Entscheidungen treffen können.

Ich lernte in den Jahren sehr wohl die Qualitätsunterschiede von *Schutz* kennen. Der wirkliche, beste Schutz in unserem Leben ist unser rechtzeitiges Handeln und rechtes Verhalten. In der feinstofflichen Arbeit mit anderen Menschen visualisierte ich zunächst eine Lichthülle um mich herum, in der ich mich für meine Arbeit geschützt und geborgen fühlte. Mit der Zeit lernte ich die Qualität zu schätzen, wenn ich mir um diese Lichthülle zusätzlich ein goldenes Licht vorstellte. Ich begleitete dies mit den Gedanken, daß nur Licht und Liebe jene goldene Lichtschutzhülle durchdringen und stärken könne. Alles Graue und Verschleiernde würde an ihr abprallen oder sich an der Gold-Schicht auflösen.

Der goldene Pomander stärkt unser Vertrauen in unsere eigene Intuition und zeigt uns somit noch deutlicher den Weg zu unserer ganz individuellen Weisheit. Auch balanciert er uns auf dem manchmal schwierigen Weg zwischen Feuer und Wasser aus.

Die Melisse-Essenzen, die in dem Duftbouquet wirken,

stärken unsere Nerven und sorgen für den Ruheausgleich in all den Anforderungen, denen wir uns mehr oder weniger freiwillig stellen. Starke Nerven brauchen wir auch auf unseren Seelenreifungswegen.

Der Zitrin als Edelsteinenergie ist der *öffnendste* Edelstein, den ich kenne. Er lädt ein, sich für die Kräfte, die um uns sind und die in unser Lebensmuster passen, zu öffnen. In Verbindung zum goldenen Pomander heißt das, sich der eigenen Kraft und Weisheit zu öffnen und darauf zu vertrauen, daß sie ausreichend da ist. In der Metallkunde symbolisiert Gold den aktiven, männlichen Sonnenaspekt. Es geht hier um das Tun und Verwirklichen, reales Handeln in der Lebensgestaltung.

4.5. Der gelbe Pomander

Wir haben uns eingelassen.
Raum für Raum erkunden wir und
bringen Saite um Saite zum Schwingen.
Dunkelkammern loten wir aus
und wagen uns zu entwickeln.
Petra Fietzek

Der gelb-farbene Pomander duftet fruchtig, zitronig und leicht nach Wald. Seine ätherischen Öle bestehen aus Zitronella, Sandelholz und Zitronengras, seine Edelsteinenergien entstammen dem Bernstein, dem Fluorit, den gelben Quarz, dem Topas und dem Zitrin.

Der gelbe Pomander wirkt konkret auf das dritte Chakra – den Solarplexus, wenige Zentimeter oberhalb des Nabels im Bauchraum. Sein gelber Lichtkelch, der vor der

Wirbelsäule sitzt, öffnet sich nach vorne. Hier ist der Sitz unserer *inneren Sonne* – der Sitz unseres inneren Feuers. Wie einer Sonne gleich, sendet es in alle Richtungen Wärme und heilsames Licht. Dieses innere Feuer will sich ausdehnen und nimmt jeden Raum ein, den es erreichen kann.

Die Organe, die in diesem energetischen Bereich liegen, sind die Verdauungsorgane: Magen, Leber und Bauchspeicheldrüse. Hier finden die Stoffwechselprozesse statt, das heißt, der Stoff, der über die Nahrung von uns aufgenommen wird, erfährt durch Verbrennung mit Sauerstoff eine andere, für die Zellen verwertbare Form. Die Wärme für unseren Körper bildet bei diesen Verbrennungsprozessen die Leber, sie ist unser innerer Wärmeofen. Der Mensch, der ausgeglichen und harmonisch im dritten Chakra reagiert, wird den *Stoff*, also die Nahrung, sinnvoll wechseln und rechten Nutzen aus ihr ziehen. Dazu zählt auch das energetische Verdauen, denn auch ein Apfel oder eine Nuß haben eine Aura.

Das dritte Chakra ist *Sitz der Selbstheilungskräfte*, die Kraft der äußeren Sonne und unserer inneren Sonne ist in allen Heilungsprozessen wichtig. Das Feuer der Sonne ermöglicht uns mit dem damit verbundenen Licht die Dinge erstmals zu sehen, sie so anzunehmen, wie sie sind.

Der gelbe Pomander schenkt sein Licht auch in die Schwermütigkeit oder gar Depressionen, die sich im Herbst/Winter breitmachen wollen. Mit der Anwendung des goldenen und gelben Pomanders knipst man ein Licht in der Aura und dadurch auch im Inneren an. In einer dunklen Depressionsphase kann das wie ein sonniger Lichtstrahl sein, der durch einen Schlitz in ein düsteres Zimmer fällt. Dunkelheit weicht dem Licht. Wo Licht ist, kann es Schatten geben, aber keine Dunkelheit. Die Schattenanteile sind die Anteile von uns, die sich dem Licht noch entgegenstellen. Sie zeigen uns an, was es noch zu integrieren gilt.

Der gelbe Pomander wirkt somit in das *ganze Repertoire der Ängste*. Er wirkt auf das chronische Sorgenbündel, wenn wir uns über alles und jeden übertriebene Sorgen und Ängste machen. Aus einer Angst heraus entstehen auch solche Verhaltensmuster wie Ignoranz, was *nicht hinsehen* bedeutet, und Selbsttäuschung. Faulheit und Feigheit als Angst vor Veränderung.

Der Solarplexus ist durch seine Weichheit – hier gibt es keine knöcherne schutzgebende Schale – sehr empfindsam, gar verletzlich. Sich *eng zu machen* bedeutet Angst, denn das Wort angus heißt Enge. Angst zu haben, hat zur Folge, daß wir uns im Eng-machen auch den helfenden und lösenden Energien verschließen. Eine Schutzmauer aus Angst hält auch die unterstützenden Kräfte fern.

Mit der Anwendung des gelben Pomanders stärken wir unsere innere Sonne. Durch das kraftvolle Feuer drücken wir für unsere Umgebung und andere Menschen unsere Stimmung aus. Unsere Ausstrahlung, eben unser *Feuer,* ist ein Zeichen unserer Individualität und Ausdruck unseres Selbstwertgefühls.

Wenn ich Vertrauen in meine Fähigkeiten habe, werde ich den Zugang zu meiner inneren Kraft erlauben und mit Mut meine persönliche Entfaltung leben. Das Wort Entfaltung ist dabei sehr bezeichnend, die Seele *entfaltet* sich, wie sich eine Blüte Blatt für Blatt unter der Einwirkung der Sonne öffnet.

Der gelbe Pomander ist der, welcher am stärksten mit dem Mut in Resonanz schwingt. Mut ist etwas sehr wichtiges in unserem Leben. Mut ist Kraft, die, wenn sie richtig angewendet wird, unserer Lebensspirale Schwung gibt. Auch zur Demut braucht es Mut. Hochmut dagegen ist ein Stolperstein auf dem spirituellen Lebensweg.

Wenn wir uns das Wort Mut ansehen und den Buchstaben M umdrehen, lesen wir das Wort Wut. Unsere Wut und aufgestaute Aggression sitzt ebenfalls in diesem dritten Chakra. Die gereizte Gallenblase oder die Gallensteine sind symbolisch für die auskristallisierten, nicht ausgelebten Emotionen, ebenso ist das cholerische Handeln Zeichen der überschäumenden Energie in diesem Bereich.

Gelb schafft hier wieder Ausgleich und zeigt uns im inneren Licht, welche Wege wir wählen können, Aggressionen möglichst direkt und konkret ohne den gefährlichen aufgestauten Effekt fließen zu lassen. Es gibt eine gesunde Form, Aggressionen zu leben. Manchmal müssen wir sie uns im Erwachsenenalter erst wieder erarbeiten. Es ist nie zu spät und selten zu früh dafür.

Ein wichtiger heilsamer Einsatz des gelben Pomanders bezieht sich auf die *Abnabelungsprozesse*. Wir erlebten alle die erste körperliche Abnabelung von der Mutter, bei der die Nabelschnur durchschnitten wurde. Dieser Schnitt ist ein Muß, erst mit der eigenen Atmung und im Selbstversorgen des Körpers beginnt diese zweite Stufe unserer seelischen Entwicklung; die erste war die Entstehungs- und Reifezeit im Mutterleib. Im weiteren Leben erfolgen immer wieder sogenannte psychische Abnabelungen und Lösungen aus Abhängigkeiten, wobei es durchaus einmal vorkommen kann, daß wir vor einer Tatsache erschrecken oder etwas in uns verletzt wird.

Diese Trennungen gehören zum Leben. Warum machen wir es uns manchmal so schwer, etwas Überholtes oder eine alte, verbrauchte Schale loszulassen?

Beleben wir unsere Quelle der Selbstheilungskräfte mit dem goldenen und gelben Pomander, ohne uns in Selbstbedauern, Selbstmitleid oder Ängsten zu verfangen, dann gehen wir reifer als vorher aus dem Prozeß hervor. Dies ist letztendlich der Weg, denn zum Teil lernen wir durch Schmerz und Leid, bis wir es schließlich schaffen, auch in Freude und Schönheit zu lernen.

4.6. Der olivgrüne Pomander

*Alles Leben entsteht in der Geborgenheit
und kann ohne sie nicht gedeihen.
Wer Geborgenheit schenkt, schenkt Leben.*
                              Verfasser unbekannt

Der olivgrün-farbene Pomander duftet frisch und nach Kräutern des Waldes. Seine ätherischen Öle bezieht er aus der Himalaya-Kiefer und dem Lavendel, seine Edelsteinenergien unter anderem aus dem Epidot, der Jade und dem Olivin.

Olivgrün ist eine Farbmischung aus gelb und grün. Der olivgrüne Pomander wirkt auf den Bereich zwischen dem dritten und vierten Chakra, zwischen dem Solarplexus und dem Herz-Chakra. Es ist hilfreich, daß es in der Pomander-Reihe auch Farbresonanzen für die Bereiche zwischen den Chakras gibt, so daß die Verbindung der einzelnen Chakras untereinander belebt werden kann. Ich erlebe es immer wieder, daß es gerade in der Verbindung zwischen zwei Zentren Verhärtungen, Staus oder gar Blockierungen des Lebensstroms gibt.

Während uns der Solarplexus mit der feurigen Kraft und

dem Mut versorgt, bietet uns das Herz-Chakra das leichtere Luft-Element an und mit ihm die Qualität der Gefühle, der Liebe für sich selbst, für andere, für alles, was geschaffen ist. Wenn uns die Farbe olivgrün anzieht, mag es ein Zeichen dafür sein, daß wir Mut und Kraft benötigen, in das Herz-Zentrum zu schauen. Womöglich gibt es einen Kummer oder Herzschmerz, der jetzt erlöst werden kann.

Immer ist es so, daß es um ein *Erlebnis mit Gefühlen* ging, wenn jemand den olivgrünen Pomander intuitiv wählte. Die Farbe des Pomanders läßt uns *weich und formbar* sein, wobei ich das Wort formbar sehr vorsichtig wähle, es bedeutet in diesem Zusammenhang die Bereitschaft zur Veränderung.

Olivgrün drückt eine sehr spezifische Art der Kraft aus, fast so, als wäre es eine neue Form von Kraft, die noch nicht in Worte gefaßt wurde oder sich noch nicht in Taten manifestiert hat. Sie bezieht sich auf *Emotionen, die mit den weiblichen, sehr intuitiven Qualitäten* eines jeden Menschen verbunden sind. Sie hat mit der jetzt heranwachsenden Art der Weiblichkeit zu tun, die sich in Frauen und Männern zeigt, die sich für sie öffnen können. *Das Gelb öffnet, das Grün schafft Raum.* Olivgrün stärkt die *Kreativität*, neue Wege zu gehen, einem neuen Verständnis von Gefühlen Raum zu geben, und wenn sie dann faßbar sind, verleiht sie ihnen auch eine Form oder einen Ausdruck.

Der olivgrüne Pomander verströmt Mut, seine eigene individuelle Wahrheit zu sehen und sie in der Außenwelt zu leben – auf daß sie eins wird mit der einen universellen Wahrheit. Die individuellen Wahrheiten können nur Teilaspekte des einen großen Ganzen sein. Es ist wesentlich, nicht einen Teil für das Ganze zu halten.

Hier paßt die Geschichte, in der drei blinde Männer einen Elefanten beschreiben. Da jeder an einem anderen

Körperteil des großen Tieres seine Hand anlegt, beschreibt jeder den Teil, den er von seinem Standpunkt *wahr*nehmen kann. Einer beschreibt den Rüssel als röhrenförmig und beweglich wie eine Schlange. Ein anderer beschrieb das Ohr als flach und sehr biegsam und der dritte das Bein des Elefanten als rund und fest wie eine Säule. Jeder der Beschreibenden gab sich mit dem zufrieden, was er jetzt gerade fühlte, jeder hatte die Möglichkeit, nachzuspüren und das Tier weiter zu ertasten. Dann hätten sie gemerkt, daß sie nur einen Teil wahrgenommen hatten und die Wirklichkeit noch viel größer war als die Summe ihrer beschriebenen Anteile.

Der olivgrüne Pomander bringt uns mit Neuem in uns in Kontakt, mit Anteilen und Gefühlen, mit denen wir bisher noch nicht so vertraut waren. Er schenkt uns Mut, in diese neuen Erlebnisse hineinzugehen und unsere eigenen Erfahrungen zu machen.

4.7. Der smaragdgrüne Pomander

Wer lebt, als solle morgen erst sein Leben beginnen,
wer glaubt, daß morgen erst sein Glück käme,
der wird beides nicht erleben.

Blaise Pascal

Der smaragdgrün-farbene Pomander duftet etwas medizinisch, dabei warm und nach Wald, seine ätherischen Öle sind aus Rosmarin und der Kiefer gewonnen. Seine Edelsteinenergien gehören zur Jade, dem Malachit, dem Moldavit und natürlich dem Smaragd.

Der smaragdgrüne Pomander wirkt mit seinem Energiebouquet direkt auf das vierte oder Herz-Chakra, das unter der Brustbeinmitte liegt und sich ebenfalls wie ein Lichtkelch nach vorne öffnet. Hier herrscht das Luftelement vor, besonders deutlich in der Funktion der beiden Lungen im Brustraum, die unsere Organe der Atmung sind.

Der grüne Pomander belebt die Atmung, die unser Ausdruck des *Hereinlassens und Abgebens* ist. Die Atmung ist der immerwährende Austausch von außen und innen, solange wir leben. Die schützenden und stärkenden Energien des grünen Pomanders helfen bei allen Variationen von Lungensymptomen, vom Druckempfinden auf der Brust bis hin zur heftigen Entzündung in den Luftwegen bei einer Bronchitis. Vicky Wall sagte zu grün, *daß grün Raum schaffe*, so daß wir in dem neuen geschützten Raum erkennen können, was uns zu nah gekommen ist und uns eventuell gar bedroht und die Luft zum Atmen genommen hat. Wenn sich die Geschehnisse um uns herum *verdichten*, schenkt der grüne Pomander Erleichterung durch das Bewußtwerden, daß genug Raum da ist. Indem wir uns erlauben, wieder tief einzuatmen, dadurch unseren Brustkorb weiten und ausdehnen, tanken wir auch neue Kraft zur Bearbeitung der Themen auf.

Während rot, orange und gelb aufwärmende und aktivierende Farbfrequenzen sind, ist grün als neutral zu sehen. Grün beginnt zu beruhigen und läßt die aufgebrachten Wogen zur Ruhe kommen. Im weiteren Chakra-Farbenverlauf werden dann blau und violett noch intensiver Ruhe verströmen und Distanz und Überblick verschaffen.

Der grüne Pomander, der mit der Brustmitte in Resonanz schwingt, *beruhigt und bringt uns wieder ins innere Gleichgewicht*. Seine zentrierende Wirkung lädt uns ein, im gleichmäßigen, tiefen Ein- und Ausatmen wieder zu regenerieren. Grün ist für das Herz-Chakra die kraftauffüllende Farbe der Regeneration auf der körperlichen und auf der geistig-seelischen Ebene. Auch rosa oder pink sind Herz-Farben, auf die ich im Kapitel über den pink Pomander eingehe – es ist die Farbe des selbstlosen Verschenkens.

Während grün das Herz einlädt, Energie aufzunehmen, fordert pink auf, alle Energie auch wieder freizulassen. In der Natur begegnen uns alle grünen Farbschattierungen. Über den grünen Pomander sind wir auch mit den Naturzyklen, mit der Kraft des Erblühens im Frühjahr, mit dem Reifen der Früchte im Sommer, der Erntezeit im Herbst und dem Ruhen und Kraftsammeln im Winter in Kontakt. Er zeigt uns die Natur als einen Spiegel für uns selbst.

Nun ist das Herz auch der Ort in uns, in dem wir die verschiedenen Ebenen der Liebe erleben. Die beglückenden Freuden der Liebe ebenso wie den Herzschmerz. In meinem Buch „Die Antwort des Herzens" bin ich auf die körperliche Eros-Form der Liebe ebenso eingegangen wie auf die geistige Philia-Form und die allumfassende, rein selbstlose Agapé-Form.

Ich weiß von den verschiedenen Varianten von falschverstandener Liebe und welcher Kummer und welch tiefe Herzschmerz-Erfahrungen sich daraus gestalten. Wenn wir voller alter Erlebnisse im Herzen sind und nichts davon wirklich loslassen, dann werden wir keinen Platz für Neues haben.

Der koreanische Zen-Meister Thich Nhat Hanh beschreibt in seinem Buch „Das Wunder der Achtsamkeit" herrlich, wie wesentlich es für uns ist, daß wir uns *leer* machen, alte Geschichten ebenso wie unsere Wünsche und Vorstellungen loslassen und so für die universelle Kraft

Gottes zum brauchbaren Gefäß werden. In ein volles Gefäß paßt ja nichts mehr hinein. Wie kann unser Körper und Geist ein Instrument der Liebe sein, wenn wir voller Enttäuschungen und Leid sind.

Der smaragdgrüne Pomander unterstützt uns, davon loszulassen, die wahren Werte des Herzens und unsere wirkliche Liebesfähigkeit zu erkennen. Der Smaragd ist der grüne Edelstein, der die All-Liebe und das in Allemeins-Sein symbolisiert, mit allem Ein-verstanden-Sein. Er erweckt und verstärkt unser Bewußtwerden und Bewußtsein für unsere Herzqualitäten, wie zum Beispiel das Verzeihen, die wahre Vergebung – auch für sich selbst.

Ein Vergebungsritual wird in der hawaiischen Kultur als mächtiges Heilungsritual geachtet. Das Verzeihen ist wie eine seelische Reinigung zu sehen und belebt unser Mitgefühl. In unserer heutigen schnell-lebigen Zeit ist das Mitgefühl etwas auf der Strecke geblieben. Wir erreichen unseren spirituellen Weg nicht ohne Mitgefühl, es ist eine grundlegende Voraussetzung, mit allem mit-zu-fühlen, wirkliches Gefühl zuzulassen und die Zusammenhänge zu verstehen.

Die in der Außenwelt rar gewordenen Qualitäten wie Sanftheit und Zärtlichkeit sind wie Vitamine für unser Herz. Gegen Vitaminmangelerscheinungen mit künstlichen Vitaminen vorzugehen und zu glauben, mit diesen bezahlbaren Pillen könnte ihr Herz gesunden, ist eine Sackgasse. Die wirklich heilsamen *Herzvitamine* liegen im liebevollen Umgang der Menschen untereinander, im friedvollen und respektvollen Miteinander. Indem ich den Raum des anderen achte, gebe ich Beispiele. Mein persönliches Verhalten – und das eines jeden einzelnen von uns – macht letztendlich das *Ganze* aus.

Im Prinzip brauchen wir alle immer wieder einmal den smaragdgrünen Pomander, um uns unseres eigenen Raums und dessen der anderen bewußt zu werden, um uns der Werte des Herzens wie wahre Liebe, Mitgefühl, Toleranz, Frieden und Vergebung zu erinnern. Außerdem ruft grün auch die schönen Empfindungen wie Leichtigkeit und Beweglichkeit zurück, bis hin zu Ekstase, Lebensfreude und einem herzhaften Lachen. Diese Harmonie ist ein Zeichen inneren Reichtums und Glücksempfindens, denn Glückseligkeit kann man *nicht haben*, sondern nur *in sich selbst empfinden*. Solche Erfahrungen bahnen uns den Weg zu unserem innersten Herzensraum – unserem Tempel der Weisheit.

Der smaragdgrüne Pomander unterstützt uns ebenso in der Bewußtwerdung unserer Wesensanteile wie Besitzergreifung, Eifersucht, unsere Gier nach Macht und Dominanz. Wo die Liebe herrscht, da gibt es keinen Machtwillen – und wo die Macht den Vorrang hat, da fehlt die Liebe. Im Kontakt mit dem grünen Pomander erfahren wir den nötigen Schutzraum, um unsere inneren Anteile zu erkennen, wo wir einen ungestillten Hunger haben und ihn als Eifersucht oder Neid leben, wo wir in einer ungesunden Dominanz anderen Menschen den Raum nicht lassen und respektlos werden, wo wir im Machtwillen das Mitgefühl verschütten. Nicht nur mit dem grünen, sondern auch mit allen anderen Pomandern wächst in mir die Dankbarkeit für alles Lebendige und für alle Erfahrungen, die ich bisher machen durfte. Dankbarkeit ist eine wahrhaft heilsame Kraft des Herzens, und der grüne Pomander ist eine Wohltat für das Herz.

4.8. Der türkise Pomander

Das Universum und ich existieren zusammen,
und alle Dinge und ich sind eins.
Da dem so ist, ist kein Grund mehr zur Rede.
Hinter den Teilen ist immer etwas Ungeteiltes,
hinter dem Bestreitbaren etwas Unbestreitbares.
Du fragst: Was?
Der Weise trägt es in seinem Herzen.

                                            Dschuang-Tse

Der türkis-farbene Pomander duftet süß, würzig bis frisch, und die Zeder gibt ihr ätherisches Öl dazu. Die Edelsteinenergien kommen aus dem Aquamarin.

Der türkise Pomander zeigt seine besonders starke Resonanz in dem Bereich zwischen Herz- und Kehl-Chakra. Türkis ist eine Farbmischung aus grün und blau. Dieser Pomander enthält noch die mutfördernden und mit der inneren Weisheit in Verbindung stehenden Kräfte der unteren Energiezentren und bringt in Kontakt mit den Lebensprinzipien des Kehl-Chakras, dessen Themen die Kommunikation und das Nach-außen-abgeben, zum Beispiel im Atem und in der Sprache, sind.

Der türkise Pomander erleichtert, wenn man Druck und Spannungen spürt, die sich im Brustraum gerade festsetzen wollen. Seine Energien unterstützen den Lebensstrom, der von unten nach oben durchgängig im ungehinderten Fluß bleiben sollte. Seine Anwendungsbereiche liegen im körperlichen Bereich bei Beschwerden durch Entzündungen oder chronischen Symptomen der Luftwege sowie bei allen Schwierigkeiten mit der Thymusdrüse, die zwischen Kehle und Herz sitzt. Sie ist das spezielle Abwehrorgan in uns. Sie ist Teil des körpereigenen Immunsystems, das mit allen anderen Organsystemen harmonisch ineinander wirken sollte.

Der türkise Pomander schenkt der immer aktiven Thymusdrüse heilsame Energien, damit sie ihre Funktion weder übertreibt, wie in der Allergie, beziehungsweise unterläßt, wie in der Immunschwäche.

Im Übergang zum Neuen Zeitalter sprachen Vicky Wall und Mike Booth auch von einen *neuen* Chakra, dem *Ananda-Khanda-Zentrum*, das im rechten Brustraum zwischen dem Herz-Chakra und dem Hals-Chakra liegt. Es ist mehr als ein Neben-Chakra, gehörte aber bisher auch nicht zu den Haupt-Chakras.

Die Fähigkeiten des Ananda-Khanda Zentrums liegen in der Massenkommunikation, das heißt, in geringster Zeit Informationen weltweit an Menschen weiterzugeben. Wir tragen bereits im Kopf ein Zentrum im Gehirn, in dem wir telepathische Qualitäten ausprägen und auf die morphogenetischen Felder reagieren können, die Rupert Sheldrake als allumfassende, natürliche Informationsnetze beschreibt.

Im Ananda-Khanda-Zentrum geht es um Herzensweisheiten, die in Bruchteilen von Sekunden anderen Menschen ohne Worte mitgeteilt werden können. Es entsteht ein globales Netz, in dem Verständnis, Mitgefühl, Herzenskraft und Liebe empfangen und weitergegeben werden können. Was für ein schöner Gedanke.

In diesem Ananda-Khanda-Zentrum liegen auch die Fähigkeiten, neue technische Erfahrungen für die ganze Welt zu nutzen, so die Computerentwicklungen und ihre immer weiter verbreiteten Anwendungsmöglichkeiten – auch hier entsteht ein neues Netzwerk des Wassermann-Zeitalters, das seine Vorteile ebenso wie seine Schwächen aufweist.

Die Information des Duftes bekommt der türkise Pomander aus der Zeder, einem sehr kraftvollen Baum. Der Baum symbolisiert, daß wir mit Wurzeln in der Erde verankert sind, einen mächtig-tragenden Stamm haben und uns Raum für die Ausbreitung der Baumkrone erlauben. Er ist das Symbol für Halt und beständiges Wachstum, den Naturzyklen angepaßt.

Die grün-blaue Farbmischung in Kombination mit dem Zedernduft ist hervorragend dazu geeignet, in *Kontakt mit Gefühlen* zu kommen, beziehungsweise zu bleiben, für die man noch Mut braucht, ihnen einen *Ausdruck zu geben*. Sei es, sie in Worten auszudrücken oder ihnen Raum in Taten zu geben. Wenn man zum Beispiel vor Menschen oder gar einer Menschenversammlung etwas aussprechen soll oder im sogenannten Lampenfieber.

Ich habe den türkisen Pomander schon oft wenige Minuten vor dem Seminarbeginn oder einem Vortrag angewendet. Er läßt den Menschen in Kontakt treten mit dem, was er fühlt und verleiht diesen Gefühlen Ausdruck mit der Stimme des Herzens. Wir können etwas mit einer Herz-erfüllten, *gefühlvollen* Stimme aussprechen, mit zornerfüllter Stimme oder auch in der kühlen, distanzierten Kopfstimme. Wir können harte Worte ebenso wie verständnisvolle wählen.

Ich weise in diesem Zusammenhang auf die Verbindung zu unserer *Stimmung* hin. Unsere gewählte Stimme hat etwas mit unserer inneren Stimmung zu tun. Der türkise Pomander erhellt die Stimmung und hüllt den Sprechenden in eine Atmosphäre des Schutzes vor Angriffen auf seine Gefühle. Er wirkt der Schüchternheit entgegen.

Eine weitere, mir sehr wertvoll erscheinende Qualität des türkisen Pomanders ist sein Öffnen dem Neuen gegenüber. Wir brauchen für unser Zeitalter der Wandlungen unbedingt diese Offenheit, bei gut gefestigter Verwurzelung neuen Möglichkeiten und Verfahren gegenüber. Viele der alten Verhaltensmuster stimmen nicht mehr, das Neue ist manchmal noch nicht so konkret faßbar. Technik und Wirtschaft sind ohne Computeranlagen nicht mehr denkbar. Hierbei ist es wesentlich, daß wir im Umgang mit diesen neuen Systemen den Kontakt zu unseren inneren Gefühlen und den Zugang zu der inneren Weisheit nicht verlieren. Es liegen in allen Verfahren und Neuentwicklungen, in den alten ebenso wie in den neuen, auch die Gefahren des Mißbrauchs. Der türkise Pomander schafft gerade diese Verbindung zwischen unten und oben, zwischen innen und außen.

4.9. Der saphirblaue Pomander

Wer wird sich mit dem Gebimmel von
Jadeglöckchen zufriedengeben,
wenn er gehört hat, wie Felsen wachsen?
Lao-Tse

Der saphirblaue oder himmelblau-farbene Pomander duftet süß und nach Wald, seine ätherischen Öle entstammen der Zeder, der Myrrhe und dem Maiglöckchen. Die Edelsteinenergien sind unter anderem die des Aquamarins und des Saphirs.

Der saphirblaue Pomander wirkt mit seinem Energiebouquet direkt auf das fünfte oder Kehl-Chakra, das in Höhe der Schilddrüse, am unteren Teil der Kehle liegt. Sein Lichtkelch öffnet sich nach vorne *und* nach hinten. Seine farbige Entsprechung ist das helle, lichte Blau. Vom Körper her gesehen, ist der Hals die engste Stelle des Menschen, und hier wird uns mit dem Hellblau eine *Weite* geschenkt. Es erinnert an den weiten blauen Himmel oder an das lichte blaue Meer.

Von Chakra zu Chakra wurden die Energien immer feiner, die Schwingungsfrequenzen immer höher. Im Kehl-Chakra gibt es nun keinen direkten Bezug mehr zu einem Element, sondern hier haben wir es mit dem feinstofflichen Äther zu tun, der die Grundlage für alle Elemente bildet. Aus dem Äther heraus entfalten sich Erde, Wasser, Feuer und Luft.

Das Kehl-Chakra ist somit ein übergeordnetes Energiezentrum, es verbindet Kopf und Körperstamm – Verstand und Gefühl. Es ist *eine Brücke in die geistige Welt*, denn die beiden folgenden Chakras schwingen noch höher in ihren Energien.

Der saphirblaue Pomander läßt uns diese Brücke in innerer Schau erkennen, sie sollte visuell jederzeit erreichbar, ja begehbar sein. Diese Pomander-Energien gestalten uns den nötigen energetischen Raum, die Brücke ohne Angst und Hemmungen passieren zu können. Die Thematik im fünften Chakra ist die Brücke zwischen der Materie, symbolisiert durch den Körper, und dem Geistigen, symbolisiert durch den Kopf.

Der saphirblaue Pomander wirkt heilsam auf unsere *Kommunikation* auf allen Ebenen. Einmal, ähnlich dem türkisen Pomander, auf den kraftvollen Ausdruck der Sprache und unsere Kommunikationsfähigkeit nach außen überhaupt, zum anderen auf die Kommunikation zwischen verschiedenen Wesensanteilen in uns selbst, in der sich der innere Zweifler oder der Ängstliche mit dem Mutigen oder gar dem inneren Krieger unterhält. Darüber hinaus gibt es noch die Kommunikation zwischen meinem inneren Lehrer oder Meister und mir selbst.

Der saphirblaue Pomander wirkt wohltuend und erleichternd in seiner starken Schutzfunktion, denn im Bereich des Kehl-Chakras erfahren wir Ausblicke in die Tiefe der Seele. Die erleichternde Wirkung kommt auch belasteten Schultern zugute. Da sich das Kehl-Chakra auch nach hinten öffnet, sind körperlich Nacken und Schultern miteinbezogen. Wer kennt nicht das Gefühl von angespanntem Nacken und Verhärtungen in den Schultermuskeln, womöglich weil man sich sehr viel auf die Schulter aufgeladen hat und jetzt gedrückt die Belastung trägt. Es mag auch sein, daß uns die Verantwortung, die wir für etwas übernommen haben, zuviel wird. Der saphirblaue Pomander unterstützt solche Klärungsprozesse, was man selbst dazu beitragen kann, damit es *erträglich* wird.

Verantwortungsbewußtsein und Toleranz sind Qualitäten des Kehl-Chakras. In dem Wort Ver-*antwort*-ung steckt der Begriff der Antwort. Wenn wir für etwas die Verantwortung übernehmen, dann finden wir während des Prozesses auch die dazu passende Antwort oder erkennen die Lösung. Um die Antwort zu hören, sollten wir *hinhören*, zum Beispiel auf die Botschaft unseres Höheren Selbstes oder die Anweisung des inneren Meisters. Im Kehl-Chakra liegt der Bezug zu den Ohren, Gehorsam und dem Zuhören.

Wenn es um *Lösungen* geht, braucht es in der Regel unsere Erlaubnis, daß es sich lösen darf und wir uns aus unserem Inneren davon lösen – wirklich loslassen.

Mit dem Begriff der *Toleranz* meine ich das gleichwertige Geltenlassen von Stimmungen, Worten und Taten.

Hier wirkt noch von dem darunterliegenden Herz-Chakra die Thematik der Dominanz und der Herrschsucht hinein. Wenn wir im Herzen unsere *Besitzansprüche* geklärt haben und für uns auf ein gesundes Maß gekommen sind, dann wird es auch im Kehl-Chakra kein großes Problem werden, tolerant im Umgang mit anderen Lebensformen zu sein. Toleranz braucht die Stärke aus unserem Inneren.

Der saphirblaue Pomander hilft auch bei den rein körperlichen Schluckproblemen. Etwas nicht mehr schlukken zu können, kann mehrere Ursachen haben, die jeder für sich ergründen kann. Wenn jemand die Gewohnheit hat, Probleme lieber schnell hinunterzuschlucken, damit sie *weg* sind, muß irgendwann die Täuschung aufgehoben werden, das ist dann die Enttäuschung. Im Universum geht nichts, aber auch gar nichts verloren – etwas vor den äußeren oder den inneren Augen zu verstecken, geht meistens nur eine bestimmte Zeitlang. Die Probleme sind mit dem Hinunterschlucken also nicht weg, sondern lagern einfach bis zur Verarbeitung. Manche Menschen schleppen mit solchen Verhaltensweisen enorm viel mit sich herum und wundern sich, daß sie sich kraftlos und müde fühlen, denn dieses Mitschleppen von Ballast kostet sehr viel Energie.

Der leichte, saphirblaue Pomander ist hierfür geschaffen, im geschützten Rahmen *verschluckte* Anteile herauszuholen und sie anzusprechen, beziehungsweise sich auszusprechen.

Hier haben beide Geschlechter, Männer und Frauen, noch einiges zu lernen. Einem sehr rationalen Mann kann der saphirblaue Pomander helfen, sich auf der Gefühlsebene einzufinden und seinen Gefühlen Ausdruck zu verleihen, ohne auf die gewohnte, ihm sichere Verstandesebene zu flüchten. Einer emotionalen Frau hilft er, konkret und klar auf der Verstandesebene zu argumentieren, ohne auf die ihr vertraute Ebene der Gefühle abzurutschen.

4.10. Der königsblaue Pomander

*Erwarte nicht von Fremden,
daß sie das für dich tun,
was du selbst tun kannst.*
　　　　　　　　　Ennius

Der königsblaue oder kräftig dunkelblau-farbene Pomander duftet süß und nach Wald, seine ätherischen Öle entstammen dem Maiglöckchen und der blauen Kamille. Seine Edelsteinenergien sind im Fluorit und dem Lapislazuli enthalten.

Der königsblaue Pomander wirkt direkt auf das sechste oder Stirn-Chakra, das sich zwischen den Augenbrauen in der Mitte der Stirn befindet und dessen Lichtkelch sich nach vorne öffnet. Ein weiterer Name für dieses Energiezentrum ist das Dritte Auge, welches nicht die Außenwelt, sondern die Innenwelt sieht. Energetisch versorgt dieses Chakra das Gehirn in seiner übergeordneten Kontrollfunktion für alle Organsysteme.

Der königsblaue Pomander wirkt über das Stirn-Chakra auf das Zentrum und den Auswertungsort aller Wahrnehmungen. Die heilsamen Farben, Düfte und Edelsteinenergien beeinflussen die *innere und äußere Orientierung* und somit das innere *Ausbalanciert-Sein* auf hoher Ebene. Unser Gehirn ist eine Kontroll- und Austauschzentrale für Geist und Körper.

Der Körper versucht ständig, ein Gleichgewicht gegenüber allen äußeren und inneren Einflüssen zu erhalten und eine Ausgewogenheit herzustellen. Diese Konstanz des inneren Milieus nennt man Homöostase. Dazu gehört der Wärme-Kälte-Haushalt, das Säure-Basen-Gleichgewicht, die Sauerstoffanreicherung im Blut, der Blutzuckerspiegel und vieles mehr.

Ständig werden Ist-Werte und Soll-Werte miteinander verglichen und gegebenenfalls angeregt oder gebremst. Das Hormon- und das Nervensystem sind hierfür die Regulatoren, deren Hauptkommandostellen beide in unserem Gehirn sitzen.

Der königsblaue Pomander wirkt ebenso heilsam auf der körperlichen Ebene wie auf unserer Gedankenebene. Gedanken sind ein Ausdruck einer bestimmten Energie, Worte sind eine weitere. Die blaue Energie ist in ihrer kühlenden und distanzierenden Funktion eine liebevolle Unterstützung, keinen zu *heißen Kopf in den Denkprozessen* zu bekommen, die auch als ein *Probehandeln* gesehen werden können. Der königsblaue Pomander kühlt die heißen Köpfe und verschafft uns einen Überblick.

In manchen Lebenssituationen bietet es sich an, sich die konkrete Lebensphase als ein Theaterstück vorzustellen. Wenn es so ist, daß man nicht mehr weiter weiß, ist es ratsam, sich einmal von der Bühne zu entfernen und sich aus einer Distanz anzuschauen, welche Rolle man da gerade spielt und welche Regieanweisung ein guter Regisseur dazu geben könnte.

Der blaue Pomander *intensiviert unsere Wahrnehmungen*, sei es, daß sie aus dem körperlichen Repertoire kommen oder aus dem seelisch-geistigen.

Die Hormondrüsen im Gehirn, die Zirbeldrüse und

Hirnanhangsdrüse sind fähig, Energien aus dem Universum aufzunehmen, die schneller als Lichtgeschwindigkeit sind. Diese speziellen Drüsen arbeiten mit den Gehirnzellen in engster Gemeinschaft und verarbeiten innere Informationen ebenso wie die von außen kommenden. Eine Abkühlung oder auch Ruhephase durch die Anwendung des blauen Pomanders entspannt die oft reizüberfluteten Organe.

Die kühlende Ausstrahlung der tiefblauen Farbe kann auch Gefühle der Kälte, der Distanz und damit Isolationsgefühle auslösen oder, falls schon welche da waren, diese verstärken. Dabei will uns die blaue Farbe in hilfreicher, positiver Weise in Verbindung mit dem *All-eins-Sein* bringen. Je höher die nun zu beschreibenden Energiezentren ins Geistige führen, um so *ein-samer* wird es werden. Erst wenn wir diese sinnvolle Einsamkeit ebenso wertschätzen können wie den engen Tumult im Körper, werden wir die Dualität der Welt überwinden.

Im Prinzip können wir nie isoliert sein, denn wir bleiben immer ein Teil des Ganzen; daß sich unsere Wahrnehmungen auf unserem spirituellen Weg von einer großen Masse trennen, gehört zu jedem persönlichen Reifungsprozeß dazu. Die wichtigen Entscheidungen vor, während und am Ende einer Inkarnation trifft jeder – im Einklang mit seiner Seele – allein. Der königsblaue Pomander macht also nicht im negativen Sinne einsam oder allein, sondern er schult uns für diesen Prozeß, den Reifungsweg der Seele weiterzugehen und dabei auch solche Isolationsgefühle kennen-, verstehen- und überwinden zu lernen. Wenn wir dies erfolgreich erlernt haben, können wir in eine nächste Stufe über uns hinaus wachsen.

Der königsblaue Pomander klärt unsere Gedanken, schenkt innere Ruhe und stellt Kontakt zum inneren Frieden her. Er intensiviert alles, was in unserem Kopf geschieht und erweitert das Bewußtsein unserer zielgerichteten Kräfte, unserer Intuitionen und deren Umsetzung.

4.11. Der violette Pomander

*Du bist im Kleinen ein treuer Verwalter gewesen,
ich will dir eine große Aufgabe übertragen.*
(Mt 25,29)

Der violett-farbene Pomander duftet nach Veilchen, und auch seine ätherischen Öle entstammen dem Veilchen und zusätzlich der Rose, der Rosengeranie und dem Lavendel. Die Edelsteinenergien sind die des Amethysts, des Diamanten und des Bergkristalls.

Der violette Pomander wirkt direkt auf das siebte oder Kronen-Chakra, das unmittelbar unter der Schädeldecke beginnt und im weiteren in der Aura über dem Scheitel sitzt und seinen Lichtkelch noch oben hin öffnet.

Während wir mit dem Wurzel-Chakra nach unten zur Erde hin offen sein können und eben diese Energiequalität aufnehmen, so verbindet uns das Kronen-Chakra nach oben, zur geistigen Energie hin.

Der violette Pomander schützt uns in diesem Prozeß der Öffnung zum Geistigen hin. Violett ist eine *religiöse* Farbe, das heißt, sie verbindet uns mit unserem geistigen Ursprung. Das Wort Religion bedeutet Rückverbindung, Wieder-Anschluß an etwas Verlorenes oder Verlassenes. Eine Interpretation ist es, daß wir als Mensch die große Einheit verlassen haben und über unseren seelischen Reifungsweg die paradoxe Dualität erfahren müssen, bevor wir *wirklich verstehen* und uns wieder in das große Ganze eingliedern.

Elias Canetti hat über Religion etwas gesagt, dem ich zustimme: „Wie unfaßbar bescheiden sind die Menschen, die sich einer einzigen Religion verschreiben! Ich habe sehr viele Religionen, und die eine, die ihnen übergeordnet ist, bildet sich erst im Laufe meines Lebens."

Der violette Pomander unterstützt uns gerade in der *Sinnfindung des Lebens*. Es mag immer wieder Phasen geben, wo wir den roten Faden unseres Lebenszieles nicht mehr sehen und in tiefe Traurigkeit bis hin zu Depressionen fallen. Manche Menschen setzen ihre Erwartungen in das Leben *so* hoch, daß sie ihre Fähigkeiten zwar einsetzen, aber da sie das überhohe Ziel nicht erreichen, von großer Unzufriedenheit beherrscht werden.

Manchmal ist es sinnvoller, diese innere Suche einzugrenzen und *mit dem Finden zu beginnen, als ständig zu suchen.* Hier liegt auch die Gefahr, in eine Sucht abzurutschen, ein Weg, der mit einer Sackgasse zu vergleichen ist. Dies erfordert, den Weg wieder zurückzugehen, um den zum Ziel führenden Weg wiederaufzunehmen. Eine alte Weisheit besagt: Wenn Du es eilig hast, dann gehe einen Umweg!

Wenn wir uns das Universum als *einen* Körper vorstellen, dann ist jeder Mensch eine kleine, winzige Körperzelle. Jede, aber auch wirklich jede hat ihre Funktion und arbeitet so für das Ganze.

Tumorzellen beginnen zum Beispiel ein Eigenleben ohne Rücksicht auf die gemeinsamen Interessen – eine Zelle auf einem Ego-Trip –, die sogar andere Körperzellen in ihrem Eifer ansteckt und sich so ein neues, der Gemeinsamkeit nicht integriertes Gebilde formt, daß eventuell die ineinander wirkenden Funktionen des großen Wirtes massiv stören, beziehungsweise ihn töten kann. Wir Menschen können das Bewußtsein entwickeln, aktiv am *Heil-werden* und *Gesund-sein* des gemeinsamen großen Ganzen mitzugestalten und uns als wertvollen Teil anerkennen.

Die violette Essenz unterstützt uns dahingehend, daß wir in diesen Prozessen auf unsere innere Stimme hören. Das Kronen-Chakra ist die Verbindung dazu. Es lädt ein, den inneren Meister in uns zu konsultieren und im Einvernehmen mit unseren Stärken und Schwächen unseren Platz einzunehmen und nicht den Job haben zu wollen, den andere besser tun können. Es gibt in den geistigen Gesetzen kein besser oder falsch, sondern nur ein *anders*. Jeder von uns besitzt seine spezifischen Qualitäten, über die nur er in dieser Weise verfügt.

Der violette Pomander konfrontiert uns mit unseren Grenzen aus einer geistigen, höheren Sicht heraus. Es geht darum, sich die eigenen Grenzen bewußt zu machen, eine rechte Selbsteinschätzung zu üben und auch manche selbstgemachten Begrenzungen zu überwinden. In dem Maße, wie wir solche Einblicke und Ausblicke in unser Bewußtsein aufnehmen, unseren Lebenssinn und unsere Aufgaben erkennen, läßt er *tiefe Ruhe und Frieden* einkehren. Der violette Pomander ist der beruhigendste Pomander von allen. So wie sich ein Tropfen Wasser im Meer geborgen und angenommen fühlt, so nimmt uns auch Gott an. Wir sind Teil des Ganzen, und jeder gibt seinen Teil dazu, so gut er es kann.

Mit dem violetten Pomander erfährt man diese Geborgenheit und das Angenommensein ohne Bedingungen. Ähnlich der Sonne, die ihre Sonnenstrahlen ohne Bewertung und Forderungen bedingungslos an alles Leben schenkt.

Das Bild von Tropfen und Meer erinnert daran, daß der Diamant ein Energiebestandteil des violetten Pomanders ist. Er ist der härteste und standhafteste von allen Edelsteinen und regt uns an, unsere Stärke, unser inneres Feuer und Brillanz ebenfalls in das Ganze einzubringen und auch eine gewisse Standhaftigkeit der Zielrichtung und Disziplin in der Ausführung beizubehalten.

Im Altertum galten Edelsteine als erstarrte Tropfen aus göttlicher Substanz, die bei der Schöpfung der Welt in Felsen eingeschlossen wurden. Was für ein schönes Bild, daß Edelsteine in ihrem Werden und Reifen von solcher göttlicher Schöpfungsenergie durchdrungen sind. Edelsteine, und ebenso der Diamant, symbolisieren *auf kleinstem Raum* ein Meisterwerk der Schöpfung.

Auch wenn der violette Pomander eine starke Auswirkung auf unsere spirituellen Erfahrungen besitzt, so wirkt er auch auf der körperlichen Ebene unterstützend, und zwar besonders bei allen überreizten und überspannten Symptomen. Kopfschmerzen sind zum Beispiel ein großes Wirkungsfeld, wenn ihnen Überforderung zugrunde liegt. Der violette Pomander schenkt, von außen nach innen gehend, Ruhe und Frieden für angespannte Gefäße und Nerven. Auch wenn ein Geschehen zu sehr im Kopf gelöst werden soll – Denken als Probehandeln –, was aber nur im körperlichen Tun erlöst werden kann, dann können wir durch die Energie des violetten Pomanders uns klar werden, daß das Denken das Handeln nicht ersetzen kann, zumindest nicht, was die ganz reale Welt angeht.

4.12. Der magenta Pomander

Wer möglichst schnell Schutz
für sich und andere sucht,
sollte das heilige Geheimnis üben:
das Austauschen von Ich *und* Andere.
                                    Shantideva

Der magenta-farbene Pomander duftet fruchtig, und seine ätherischen Öle entstammen dem Lavendel und dem Olibanum. Seine Edelsteinenergien sind im Amethyst, im Granat, im Rubin und im Sugilit enthalten.

Magenta ist eine Mischung aus tiefem Rot und kräftigem Blau-violett. Diese sehr dichte, kraftvolle Farbkombination wirkt ebenso materiell auf unser dichtes, körperliches Sein wie auf unsere spirituelle Entwicklung. Es wirkt auf das achte Chakra, das außerhalb des Körpers liegt und unsere Aura mit höheren, feinstofflichen Ebenen verbindet. Es wird nicht mehr als eins der sieben Haupt-Chakras beschrieben, sondern ist mit dem *Raum, der jenseits der Worte* liegt, verknüpft. Dem Raum, für dessen Beschreibung unsere weltlichen Sprachen nicht mehr ausreichen.

Seine Funktionen sind dem siebten, für uns schon höchsten Chakra übergeordnet. Ein wesentlicher Teil, den ich wahrnehmen kann, bezieht sich auf die *liebevolle Verbindung von Geist und Materie* – über die Farben ausgedrückt: vom kurzwelligen Violett bis zum langwelligen Rot. Zwei polare Anteile regieren in Harmonie miteinander. Im Prinzip begegnet es uns in jedem Atom.

Der magenta-farbene Pomander bringt uns mit der uralten Weisheit in Kontakt, daß *alles in allem enthalten und eins ist.*

Unsere Welt ist die materielle Darstellungsebene von dem, was wir als Plan oder Blaupause im Geistigen erfahren. Im geschützten Raum des magenta-farbenen Pomanders können wir unsere Kurskorrekturen einsehen. Es obliegt dann unserer Entscheidung und unserer Willenskraft, *wie* wir unser Vorhaben angehen. Es ist oft viel weniger entscheidend, was wir tun, sondern wesentlich ist es, wie wir es tun. Ob wir die allumfassende Liebe, an deren Quelle wir alle angeschlossen sind, einfließen lassen und so das gesamte Gewebe mitwirken.

Es entscheiden diese kleinen alltäglichen Begebenheiten und Gelegenheiten. Durch die Liebe zu allem Leben erhält unser Alltag und dadurch unser ganzes Sein eine andere Qualität. Der magenta-farbene Pomander wirkt in dieses Qualitätsbewußtsein hinein und erleichtert das wirkliche Umsetzen unserer spirituellen Wahrnehmungen. Spiritualität und Materie sind in dieser Essenz in Liebe miteinander verbunden.

Ich hatte lange Zeit großen Respekt vor dieser Aura-Soma-Essenz und benötigte eine Weile, um mich mit ihr anzufreunden. Heute weiß ich sehr wohl warum, sie ließ mich keine Umwege mehr gehen oder forderte mich mehr denn je auf, auf dem rechten Kurs zu bleiben und nicht so oft auszuweichen. Abgehobene Gedanken nützen in der Realität nicht viel. Es erfordert die ganze Kraft, Körper, Geist und Seele in Harmonie und Liebe zu vereinen. Der zeitgenössische Meister Nyoshul Khenpo drückt es so aus: „Die Natur von allem ist illusorisch und flüchtig. Wesen mit dualistischer Sicht halten Leiden für Glück, denen vergleichbar, die Honig vom Rasiermesser schlecken. Wer an konkreter Wirklichkeit festhält, ist bemitleidenswert: Richtet das Gewahrsein nach innen, Freunde meines Herzens!" [1]

4.13. Der pink Pomander

Wir haben gelernt, wie die Vögel zu fliegen,
wie die Fische zu schwimmen –
doch wir haben die einfache Kunst verlernt:
wie Brüder zu leben.
Martin Luther King

Der pink oder rosa-farbene Pomander duftet blumig und süß, seine ätherischen Öle kommen aus der Rosengeranie, seine Edelsteinenergien entstammen dem Rosenquarz, dem rosa Turmalin und dem Morganit.

Der pink Pomander wirkt auf *die Liebe in ihren schönsten und intensivsten Formen*. Die Auswirkungen dieser Essenz hätte ich einerseits schon bei der Beschreibung des Herz-Chakras einfließen lassen können, aber andererseits ist er so übergeordnet in seiner Unterstützung und lädt uns ein, über unsere bisher gewohnten Grenzen hinauszugehen, daß er nach der Beschreibung des siebten und gar achten Chakras geeigneter ist.

Der pink Pomander schützt unsere Aura von außen nach innen hin, wenn wir uns der Liebe, ihrer Wärme und ihrer Kraft öffnen. Es mag sein, daß wir dann in unserer Weichheit besonders gefährdet für unerwartete Verletzungen sind.

In jeder menschlichen Beziehung sind wir oft noch nicht frei von sogenannten Projektionen, das heißt, daß jemand etwas in uns wahrnimmt – oder wir etwas in unserem Gegenüber – was nicht direkt aus uns selbst heraus kommt. So geschieht es manchmal, daß ein Mensch in einem anderen etwas erkennt, was er sich selbst nicht erlaubt und es deshalb im Gegenüber neidet und verurteilt – oder etwas,

was er an sich nicht leiden mag und es deshalb im anderen doppelt so schlimm bewertet.

Dieses auf einen anderen Menschen spiegeln oder projizieren enthält zwar für denjenigen auch ein Körnchen Wahrheit, denn ein Ausdruck oder eine Tat war ja der auslösende Kristallisationspunkt, dennoch hat es nicht immer das Ausmaß, wie der projizierende Partner es sieht.

Der pink Pomander *schützt uns dabei vor den gestauten Energien und Aggressionen*, die über andere auf uns zukommen. Es hilft uns im Erkenntnisprozeß, daß wir oft nur die *Projektionsfläche* oder der Spiegel sind, so daß uns die Aggression nicht im persönlichen Wesenskern verletzen kann.

Wenn wir mittels der pink Essenz eine warme und entspannte Atmosphäre geschaffen haben, lassen sich die Anteile, die wirklich etwas mit uns zu tun haben, von den falschen Spiegelungen unterscheiden. Die Anwendung des pink Pomanders ist insofern besonders in schwierigen Zweiergesprächen eine unschätzbare Hilfe und ebenso in Gruppenprozessen. Wenn in Seminaren eine liebevolle und tragende Gruppenatmosphäre aufgebaut wurde und die Teilnehmer den geschützten Raum wahrnehmen können, geschehen ehrliche und tiefgehende Erkenntnisprozesse der einzelnen ohne willentliches Zutun. Zu Anfang eines Seminars weiß man dabei noch nicht, wer für wen ein Lernpartner sein wird.

Der pink Pomander verströmt die nötige *Achtsamkeit*. In der Form der konstruktiven und aufbauenden Kritik ist immer auch ein Anteil an Würdigung der Person zu achten.

Der pink Pomander entspannt aufgeladene Situationen. Ohne eine gewisse Spannung geschieht im Körper und Geist nichts, ein zu hohes Maß an Spannung verhindert aber ebensoviel.

Die pink Essenz ist für mich wie *eine Brücke zur universellen Liebe*. Sie fordert unser Herz auf, alles, was wir an Kraft, Mitgefühl und Liebe im Herzen tragen, selbstlos zu verschenken. Wir brauchen dabei keine Bedenken zu haben, daß auch nur ein Gramm oder ein Funke davon verlorenginge. Nichts geht im Universum verloren, es ändert höchstens seine Erscheinungsform. Die Liebe ist dabei manchmal wie ein Bumerang. Wir werfen ihn in eine Richtung und warten eine Weile, bis er aus einer anderen Richtung wieder zurückkommt. Mit der Liebe ist das ebenso – wenn ich sie selbstlos verschenke, kommt sie zu mir zurück. Hatte ich im Hinterkopf einen Wunsch oder eine Erwartung mit dem *Schenken* verknüpft, dann bleibt er womöglich irgendwo auf der Strecke hängen – dort, wo diese Energie eine Resonanz gefunden hat.

Es mag sein, daß das Erlernen und Erleben der wahren Selbstlosigkeit ein Lebensthema ist, denn davon gibt es schon so viele falsch verstandene Varianten. Die Liebe als die große Lebenslehrerin – mehr dazu auch bei der Meisteressenzbeschreibung – zeigt uns an unseren Resultaten und Erfolgen, wo wir im Sinne der Selbstlosigkeit echt oder noch unecht gehandelt haben. Es gibt für das wahre, selbstlose Handeln einige Hinweise. Der Autor Michail Czikzentmihaly beschreibt in seinem Buch, daß wir in bestimmten Lebenssituationen so etwas wie einen Energiestoß spüren, der ein Glücksgefühl und etwas unbeschreiblich Schönes an sich hat, *das nach mehr schmeckt*.

Wenn wir wirklich im Sinne der echten Selbstlosigkeit gehandelt haben und die Anwendung der universellen Lebensgesetze immer besser verstehen, dann geschieht so etwas, daß die zurückkommende Energie den Anstoß für das nächste gibt und so weiter. Eine Energielosigkeit gibt es dann gar nicht mehr. Energielosigkeit existiert nur in unseren Vorstellungen.

Das Universum verfügt über unerschöpfliche Energiequellen; unsere Offenheit und unser Umgang stimmen allerdings noch nicht mit den kosmischen Gesetzen überein. Mit dem pink Pomander können wir diese Fülle an universeller Liebe erfahren. Er überbrückt erste Schwierigkeiten und läßt unseren Lebensstrom an diesem großen Ganzen teilhaben. Dieser Zustrom von allumfassender Energie ist so voller kraftvoller Zärtlichkeit, so voller unsagbarer Fülle und Glückseligkeit, daß niemand, kein Wesen der Erde, noch Hunger – ich meine den seelisch-geistigen Hunger – verspüren könnte.

4.14. Der weiße Pomander

Aus nassem Ton formt man Gefäße,
aber das Leere in ihnen ermöglicht
das Füllen der Krüge.
So ist das Sichtbare zwar von Nutzen,
doch das Wesentliche bleibt unsichtbar.
Lao-Tse

Der weiß-farbene Pomander duftet etwas medizinisch, dabei warm und stimulierend. Seine ätherischen Öle sind aus Kajeput und Lorbeer gewonnen, und seine Edelsteinenergien entstammen dem Morganit, dem Bergkristall und dem Selenit.

Die Flüssigkeit des weißen Pomanders ist im Prinzip eine klare und durchsichtige. Ähnlich wie der Bergkristall, dessen Energie auch in dem weißen Pomander vorkommt.

Wenn konzentriertes Licht in den Bergkristall (Quarz) einfällt, erscheint durch den Prisma-Effekt das gesamte Farbspektrum des Regenbogens. Der weiße Pomander *enthält die Botschaften aller Farben – aller sichtbaren und unsichtbaren Farben*. Denn wer könnte denn mit Sicherheit sagen, daß dies alle Farben sind, die wir Menschen sehen.

Die Farbbeschreibungen sind je nach Zustand unserer Netzhaut im Auge eine subjektive Empfindung. Deshalb kann man den weißen Pomander für *alle* Chakras, beziehungsweise Lebensthemen wählen, er verbindet nicht mit spezifischen Energien, sondern schenkt uns die *Fülle des Möglichen*. Er öffnet für das ganze Spektrum des Lebens – dabei ist er der *intensivst Schützende*.

Gerade weil sich eine menschliche Aura die Qualitäten herausfiltern kann, die sie gerade benötigt. Dieser Prozeß läuft dann ohne unser willentliches Steuern ab, ganz intuitiv. Er legt eine weiße Lichthülle um unsere Aura und ermöglicht uns einen geborgenen Schutzraum. In diesem laufen unsere Bewußtseinsvorgänge in dem für jeden einzelnen stimmigen Zeitraum ab.

Zeit und Raum sind ohnehin Hilfsmodelle für unser menschliches Verständnis – für verwirklichte Wesen, die zu den spirituellen Sphären und allen Energiequellen unbeschränkten Zugang haben, sind Zeit und Raum Illusionen und nicht wirklich existent.

Der weiße Pomander schützt aber nicht nur unsere feinstofflichen Hüllen, sondern hilft uns auch bei konkreten *Verletzungsfolgen* von außen. Zum Beispiel wenn übermäßige Strahlung, wie nach der Reaktorkatastrophe von Tschernobyl, unsere Lebensatmosphäre bedroht, oder im alltäglichen Leben, wenn wir – überflutet von Reizstoffen – nur noch den einen Ausweg in die Allergie finden, oder gar wenn unser Körper übermäßig stark auf Insektenstiche reagiert.

Die Botschaft des Edelsteins Turmalin lautet, in jeder auch noch so ausweglosen Situation neue Verhaltensmöglichkeiten zu erkennen. In der Allergie sieht der Körper meist aus Gründen von Überforderung das Allergen als einen Ersatzfeind an, gegen den dann sein Immunsystem rebelliert. Es ist im Prinzip eine Projektion auf rein körperlicher Ebene, weil der Mensch sich nicht anders zu helfen weiß und nicht wirklich das zugrunde liegende Thema angeht.

Der weiße Pomander bietet hier konkret Hilfe an. Er macht uns ein Licht an, damit wir die Umstände auf unserem Lebensweg besser erkennen können. Er kann uns auch – ähnlich wie Edelsteine – Kräfte vermitteln, und über unsere innere Stimme können wir vernehmen, was zu tun wäre. Aber das Tun, das wirkliche Umsetzen, müssen wir selbst einleiten.

Der weiße Pomander ist ähnlich dem violetten eine *Quelle von Ruhe und Entspannung*. Durch das gesamte Spektrum der sichtbaren und unsichtbaren Farben wirkt er als eine Kraft, die den inneren Ausgleich schafft.

4.15. Ihre Anwendungen

*Enttäuschungen sollte man verbrennen,
nicht einbalsamieren.*
                                Mark Twain

Im Vorfeld über die Anwendungen will ich darauf aufmerksam machen, daß Aura-Soma-Essenzen 'Wundermittel' sein können, aber nicht immer sind. In manchen Fällen der Anwendung braucht es Geduld und Ausdauer, um Wirkungen klar im Bewußtsein zu empfinden. In der Regel ist es ähnlich wie bei gut passenden homöopathischen Mitteln, daß die Betreffenden manchmal trotz äußerlicher Verschlimmerung sich von innen heraus besser oder irgendwie wohler fühlen. Ich fand im "Tibetischen Buch vom Leben und vom Sterben" ein gutes Gedicht, das beschreibt, daß der wahre Wandel in der Tiefe des Herzens manchmal etwas dauert. Es heißt:

Autobiographie in fünf Kapiteln
1. Ich gehe die Straße entlang.
    Da ist ein tiefes Loch im Gehsteig.
    Ich falle hinein.
    Ich bin verloren…Ich bin ohne Hoffnung.
    Es ist nicht meine Schuld.
    Es dauert endlos, wieder herauszukommen.

2. Ich gehe dieselbe Straße entlang.
    Da ist ein tiefes Loch im Gehsteig.
    Ich tue so, als sähe ich es nicht.
    Ich falle wieder hinein.
    Ich kann nicht glauben, schon wieder am gleichen Ort zu sein. Aber es ist nicht meine Schuld.
    Immer noch dauert es sehr lange, herauszukommen.

3. Ich gehe dieselbe Straße entlang.
    Da ist ein tiefes Loch im Gehsteig.
    Ich sehe es.
    Ich falle immer noch hinein…aus Gewohnheit.
    Meine Augen sind offen. Ich weiß, wo ich bin.

Es ist meine eigene Schuld.
Ich komme sofort heraus.

4. Ich gehe dieselbe Straße entlang.
   Da ist ein tiefes Loch im Gehsteig.
   Ich gehe darum herum.

5. Ich gehe eine andere Straße.[2]

Zu Beginn der Beschreibungen von Aura-Soma-Essenzen erwähnte ich schon kurz, wie man die alkoholischen Flüssigkeiten gegenüber den Balance-Ölen anwendet. Hier will ich es jetzt detailliert beschreiben.

Zunächst, wie findet man den richtigen Pomander für die entsprechende Situation?

Während eines Gesprächs mit einem ausgebildeten Aura-Soma-Berater besteht die Möglichkeit, die ganze Palette der Aura-Soma-Pomander zu sehen, und man kann sich intuitiv von einem Pomander anziehen lassen. Oft ist es zuerst die Farbe, die uns fasziniert oder in irgendeiner Weise anzieht. Die Schönheit der Farben allein öffnet oft schon ein erstes Tor in uns.

Wenn wir dann das kleine Plastikfläschchen (meistens 25 ml Inhalt) öffnen und den Geruch wahrnehmen, gibt es manchmal eine freudige und angenehme Überraschung, daß uns der Duft anspricht. Es mag aber auch sein, daß uns die Intensität des Geruchs erschreckt und irgend etwas zwischen Farbe und Geruch noch nicht zusammenpaßt. Ich bitte dann darum, daß derjenige nachspüren soll, *was* genau dieser Geruch auslöst. Wenn wir dann im Kontakt mit den aufkommenden Bildern und Assoziationen bleiben, erfahren wir näheres über uns selbst. Ein Geruch kann in der Erinnerung wie ein Bild an etwas geprägt sein, das dann wieder belebt wird und eventuell reif zum Freilassen ist.

Weitere Möglichkeiten, erstmals mit Aura-Soma-Pomandern in Kontakt zu kommen, bestehen in Seminaren, wo sie zum Schutz und zur Intensivierung von Wahrnehmungen eingesetzt werden können, oder man sieht sie bei einem Therapeuten, bei Freunden oder Bekannten.

Gleich auf welche Art man die Pomander erstmals sieht, man sollte immer dem eigenen Gefühl vertrauen und sich von innen heraus führen lassen. Man kann auch im Kontakt zu einem bestimmten Thema gezielt die Frage stellen, welche der Pomander jetzt in dieser Situation unterstützend wirken würden. Auch wenn man zuerst etwas über die Pomander gelesen hat, sollte man das speziell Beschriebene für eine Zeit an die Seite stellen und der Intuition Vorrang lassen.

Wenn man sich für einen farbigen Pomander entschieden hat und für eine Erfahrung bereit ist, stellt man sich aufrecht hin, öffnet den Drehverschluß des Fläschchens und gibt sich mit der rechten Hand drei Tropfen in die linke Handfläche. Normalerweise erfordert es keine besondere Geschicklichkeit, das Fläschchen wieder zu verschließen und es vor sich hinzustellen, ohne die Tropfen in der Hand zu verschütten. Danach verreibt man mit der rechten Hand die Flüssigkeit und beginnt die gewählte Aura-Soma-Essenz in die Aura zu fächeln. Man beginnt am Kronen-Chakra, also über dem Scheitel und umfährt seinen Kopf in einigen Zentimetern Abstand, so als wolle man etwas in seine Aura streichen. Es können auch kleine lockere Handbewegungen gemacht werden, so als wolle man die Aura etwas auflockern und dabei die Essenz mithineingeben.

Man umfährt den Kopf, Hinterkopf und das Gesicht, geht dann weiter und umfährt mit den Händen Nacken und Schulterbereich soweit das am Rücken ohne große Anstrengung möglich ist. Danach umfährt man die beiden Arme jeweils mit einer Hand und geht weiter zum Körperstamm. Die Aura des Brust-, Bauch- und Beckenraums läßt sich leicht mit den Händen bestreichen oder umfahren, auch am Rücken empor, soweit das ohne Verrenkungen gut geht. Dann die Hüften und Beine hinunter bis zu den Füßen, jeweils Vor- und Rückseite. Dann fächelt man wieder nach oben, und ich lernte es so, daß man dann jeweils kurz an den sieben Haupt-Chakras anhält und sich vorstellt, wie der entsprechende Lichtkelch diese gewählte Farbe aufnimmt. Am Anfang und zuletzt sollte man an den Händen riechen. Gerade am Schluß der Pomander-Anwendung halte ich meine Hände in dem Abstand, der mir angenehm ist. Bei einigen sehr intensiven Düften benötigte ich zunächst etwas Abstand. Dabei atmet man die Farbe, den Duft und die Edelsteinenergien ein und nimmt sie dadurch ganz in die Lungen und das Körperinnere auf. Überhaupt ist es sehr wichtig, während dieser ganzen Anwendung mit der gesamten Aufmerksamkeit bei sich selbst zu sein und die Essenz bewußt aufzunehmen.

Dieses Geschehen gleicht einem Tor, das wir für die Essenz aufmachen und damit unsere Bereitschaft signalisieren.

Im nächsten Kapitel beschreibe ich eine allgemeine Meditationsanleitung, wie man sie gestalten *kann*, es gibt unzählige Variationen, wie man sie umgestalten kann. Wenn keine Meditation nach der Anwendung folgt, sollte man wenigstens einige Minuten die Essenz mit Aufmerksamkeit wirken lassen, bevor man wieder anderen Dingen nachgeht. In dieser Einwirkungszeit können wir auch die Wertschätzung und Dankbarkeit aus dem Herzen verströmen, die wir für solche tiefwirkenden und unterstützenden Hilfen empfinden.

Es gibt auch Situationen, in denen wir das nicht in solcher oben beschriebener Ausführlichkeit tun können. Es geht auch sehr viel diskreter. Es muß überhaupt nicht groß auffallen, wenn ich sie zum Beispiel kurz vor einem Vortrag anwende oder gar im Zug oder im Zusammensein mit anderen Menschen, die nichts davon wissen, und wo zudem die Situation auch jetzt nicht die ist, andere von der Wirksamkeit inspirieren zu wollen.

Dann nehme ich mir ebenfalls drei Tropfen in die Hand, und es mag so aussehen, als würde ich mit einer gut duftenden Essenz die Hände einreiben. Ich gehe zum Kopf hin, als würde ich meine Haare umfahren und lege dann meine Hände unauffällig auf das Chakra, dem die Farbe entspricht oder bei dem ich das Gefühl habe, sie wäre da hilfreich. Die Hände bleiben dann über dem Bauch gefaltet oder der Kopf auf die Hände gestützt, so daß ich den Duft einnehmen kann. Dies alles fällt nicht groß auf.

Mit etwas Einfühlungsvermögen wird die Anwendung bei Kindern, kranken oder bettlägerigen Menschen, Tieren und Pflanzen in der Form abgewandelt ablaufen, wie es die Situation erfordert. Auch hier gilt es, der Intuition zu vertrauen. Wenn wir bei anderen Menschen Pomander anwenden, weise ich deutlich auf das Einverständnis der Person hin. Missionarische Tätigkeiten oder gar Zwangsbeglückungen, also jemandem mit Nachdruck von der heilsamen Wirkung überzeugen zu wollen, ist nicht erlaubt, sondern das sind, ebenso wie der Hochmut des Herzens, spirituelle Stolpersteine.

Aura-Soma-Pomander sind keine Essenzen, mit denen man den Körper einreiben sollte, und sie sind keine Essenzen für Duftlampen. Im folgenden gebe ich einige Hinweise, in welchen Situationen die Pomander angewendet werden können.

Anwendungsmöglichkeiten von Aura-Soma-Pomandern:

- Vor oder während einer Meditation, dazu im nächsten Kapitel ein Vorschlag.
- In alltäglichen Lebenssituationen, in denen wir spüren, daß wir Hilfe oder Unterstützung brauchen.
- Vor schwierigen Gesprächen, Prüfungen, nach Aufnahme schlechter Nachrichten, kritischen und uns ängstigenden Situationen.
- Wann immer wir merken, daß uns die Situation sehr fordern wird, und wir Bedenken haben, in unserer inneren Balance zu bleiben.
- Wann immer wir ein Bedürfnis nach Schutz verspüren.
- Wenn unsere eigenen Entspannungs-Techniken nicht ausreichen.
- Für Therapeuten: am Anfang des Tages, um sich selbst stabil zu fühlen oder vor intensiven oder schwierigen Behandlungen.
- Vor Seminaren oder Gruppensitzungen, um selbst energetisch vorbereitet zu sein.
- Vor einer Reiki-Behandlung frage ich den zu Behandelnden, welchen Pomander er sich intuitiv wünscht, den ich dann als Behandler in die Hände nehme, während ich in seiner Aura bin. Dies dient zu seinem Schutz und einem Gefühl von Geborgenheit.

- Zum Reinigen oder Aufladen von Edelsteinen und Kristallen gebe ich Tropfen des Pomanders in meine Hände, verreibe sie und halte dann in der geschlossenen Hand mit großer Konzentration den Edelstein; oder ich stelle mir vor, wie die heilsamen Energien der Farben, Düfte und Edelsteinenergien auf den Stein einwirken.
- Bei der Auswahl für Säuglinge oder Kleinkinder, die noch nicht selbst auswählen können, bitte ich mein Höheres Selbst um innere Führung, um von meinem *Helferwunsch* frei zu werden. Ich bitte darum, daß mein Höheres Selbst Kontakt zu dem anderen Höheren Selbst aufnimmt und vertraue dem ankommenden Impuls.
- Wenn es die Situation erfordert, bitte ich den Patienten, einen Pomander auszuwählen, der ihn in der Begleitung seines Heilungsprozesses unterstützt und mitträgt.

4.16. Eine Meditationsanleitung mit einem Pomander

Ihr seid zur Freiheit berufen, Brüder!
(Gal. 5,13)

Auch dazu gibt es nun mehrere Möglichkeiten. Einmal kann man einen Pomander *vor* der Meditation ausgewählt haben, mit dem man eine tiefe Erfahrung wünscht, man kann sich *während* einer Meditation von einer Essenz anziehen lassen oder am Ende der entspannenden und leermachenden Meditation, also *danach*. Ich werde im folgenden eine ausführliche Anleitung geben, in der man während der Meditation, wenn man im Kontakt mit der zu lösenden Problematik ist, einen Pomander auswählt. Es ist dann leicht, diese Form entsprechend abzuwandeln.

Ich werde die persönliche Anrede in der Meditation wählen, weil ich die höflich-distanzierte Form bei inneren Gesprächen noch nie wahrgenommen habe. Auf der Seelenebene gibt es kein weltliches Sie, sondern eine feine Form des Respekts und der Achtung, die sich auch über das Du ausdrückt.

Bereite für die Meditation alles vor. Die Dir passende Zeit und der für Dich stimmige Raum sind Voraussetzungen für Deine Entspannung und für die Tiefe Deiner Meditation. Sorge dafür, daß Du nicht vom Telefon oder irgend etwas anderem gestört wirst. Oder Du triffst die Entscheidung, Dich von nichts stören zu lassen. Es wird immer Geräusche um uns geben, auf die wir keinen Einfluß haben, aber wir können bestimmen, ob sie auf uns Einfluß haben. Wenn Du mehrere Pomander oder gar alle hast, dann stelle sie vor Dir in einer Reihe oder einem Kreis auf, so wie es Dir gefällt. Beginne dann wie folgt, wenn Du Deine Rahmenbedingungen geschaffen hast:

- *Nimm eine bequeme Sitzhaltung ein, wie sie jetzt für Dich stimmt. Schaue mit Deinen äußeren Augen die vor Dir stehenden Aura-Soma-Pomander an und nimm die Außenwelt um Dich herum bewußt wahr, ohne Dich auf etwas festzulegen oder Dich auf etwas zu konzentrieren.*
- *Dann schließe Deine Augen, und wende Deine Aufmerksamkeit nach innen. Spüre nach, wo Du sitzt, und spüre, wie Du getragen bist. Spüre die Wärme, die Dich umgibt, so daß ein Gefühl von Geborgenheit und Wohlbefinden wachsen kann.*
- *Erlaube Dir nun, ganz in Deinem Körper anzukommen, Lade alle Wesensanteile von Dir ein, alles, was bis zu diesem Zeitpunkt noch abwesend von Dir war, möge ganz und vollständig in Dir vereint sein. Deine ganze Achtsamkeit ist jetzt auf Dich gerichtet.*

- *Lenke Deine Aufmerksamkeit auf Deine Atmung. Begleite ein paar Atemzüge lang das regelmäßige Ein- und Ausatmen. Es geschieht von ganz allein, ohne Dein willentliches Zutun. Du atmest ein: frische Luft und Lebensenergien strömen in Dich ein und füllen Dich auf. In den Lungen geschieht der Austausch von Alt und Neu. Du atmest aus: Altes und Verbrauchtes strömen aus Dir heraus. Dein Brustraum hebt und senkt sich mit jedem Atemzug. Die Gewißheit von Versorgt-Sein wächst, und Entspannung kann sich ausdehnen und mit jedem segensreichen Atemzug in die Körperzellen fließen.*
- *Erlaube Deinem ganzen Körper zu entspannen. Lade ihn ein, von allen übermäßigen Spannungen, angefangen vom Kopf bis zu den Fußzehen, loszulassen. Ein Teil Deines Gehirnzentrums übernimmt solange die innere Wache für Dich. Einfach so, wie Du jetzt bist, ist es in Ordnung.*
- *Erlaube Dir, daß Du Gedanken oder Impulse, die Dich noch beschäftigen, die sich Dir wie angeflogen anbieten, ganz einfach ausatmest oder sie über Deine Verwurzelung abfließen läßt. Erlaube Dir, frei und leer zu sein.*
- *Dann wende Dich mit Deinen inneren Augen und Deiner ganzen Aufmerksamkeit Deinem Herzen zu. Stelle Dir bildlich Dein Herz als eine Quelle von Licht vor, oder spüre Deine Herz als eine Quelle von Wärme und Liebe. Eine unerschöpfliche, überlaufende Quelle von Wärme, Licht und Liebe, die sich in Deinen ganzen Körper hin ergießt. Mit jedem Herzschlag und jeder Pulswelle fließen Licht, Liebe und Wärme in jedes Organ und in jede einzelne Körperzelle – solange, bis jeder Teil von Dir soviel Herzensenergie aufgenommen hat, wie jetzt dort gebraucht wird.*
- *Wenn Dein Körper aufgefüllt ist mit der Energie, die er sich jetzt wünscht, dann behalte das Bild der inneren Lebensquelle bei und erlaube, daß Licht, Liebe und Wärme über Deinen*

Körper hinaus in Deine einzelnen Energiezentren und in Deine feinstofflichen Körper fließen. Stelle Dir bildlich vor, daß sich eine helle Lichthülle um Dich herum bildet. Sie wirkt zu Deinem Schutz und Deinem Gefühl von Geborgenheit. Genährt und immer wieder lichtvoll verstärkt wird sie durch die Liebe Deines Herzens. Konzentriere Dich solange auf diese Lichthülle um dich, bis Du sie nach allen Seiten hin geschlossen wahrnimmst; hinten am Rücken wie über dem Kopf und unter den Füßen.

– *Sende nun noch bildlich Lichtstrahlen von Deiner Herzensquelle über Deine Füße hinaus, also über Deine Verwurzelung hinaus in Mutter Erde – als Dank an Mutter Erde, die Dich trägt, nährt und Dich so annimmt, wie Du jetzt gerade bist.*
– *Zuletzt sende bildlich Strahlen der Liebe, des Lichts und Deiner Wärme über Deinen Scheitel hinaus zu Deinem Höheren Selbst und von dort zur kosmischen Urquelle von allem Licht und aller Liebe.*
– *So bist Du mit der Erde, dem dichten, materiellen Prinzip, über Deinen Körper ebenso verbunden wie mit der geistigen Quelle im Universum über Deine Energiekörper. In Dir vereinen sich die geistigen Energien und die irdischen. Du selbst bist Vermittler oder Vermittlerin dieser beiden Pole und gestaltest das Zusammenwirken von Geist und Materie in Liebe in Deinem alltäglichen Leben.*
– *Erlaube nun, daß die Lebenssituation in Deinem Bewußtsein auftaucht, die jetzt Deine Aufmerksamkeit wünscht. Es mag ein körperlicher Impuls sein, oder es tauchen Gefühle auf, die in Dir noch unverarbeitet sind, oder auf der Gedankenebene zeigt sich Dir ein Begriff oder eine Problematik, die beachtet werden will. Laß diese Situation ganz präsent werden, so konkret wie möglich. Gib ihr Raum und schenke ihr Deine ganze Achtsamkeit.*

- *Wenn Du Deine Thematik klar vor Deinen inneren Augen hast oder sie genau fühlen kannst, dann lenke Deine Aufmerksamkeit auf Dein Höheres Selbst und bitte um innere Führung – und sei bereit, dich führen zu lassen. Vertraue den Impulsen, die sich nun in einer für Dich stimmigen Art und Weise zeigen. Spüre nach, welcher Hilfe und Unterstützung Du dich öffnen willst, welche Art von Energie benötigt wird, um in dem Prozeß heil zu werden oder die Zusammenhänge zu verstehen oder einen Schritt weiterzugehen.*
- *Suche mit zunächst geschlossenen Augen die Verbindung zu einem der Aura-Soma-Pomander und lasse Dich dabei im Kontakt mit der Thematik von innen heraus führen. Wenn du eine Anziehung oder einen Impuls spürst, öffne Deine Augen und nimm Dir den Pomander, der Dich ruft oder zu dem Du im Einklang mit Dir selbst die stärkste Anziehung spürst.*
- *Wende ihn an, indem Du das Fläschchen öffnest, Dir drei Tropfen in die Hand gibst, sie verreibst und sie in Deine Aura verteilst. Atme dann die Essenz ein und lege die Hände dorthin, wo Du hingeführt wirst (eventuell über dem entsprechenden Chakra oder der körperlichen Stelle).*
- *Dann schließe wieder Deine Augen und wende Dich mit dem Duft, der Farbe und den Edelsteinenergien Deinem Inneren zu. Stelle Dir vor, wie Dich die Energien des Pomanders von außen nach innen hin berühren, Deine Aura durchströmen. Wenn Du bereit dazu bist, dann öffne auch Deine innersten Türen und Pforten, um die Botschaft und die Weisheit Deiner gewählten Essenz in Deinen Wesenskern aufzunehmen. Die Pomander-Energie schenkt Dir dazu den Schutzraum nach außen und verstärkt den Lichtschutz, den Du von Deinem Herzen her aufgebaut hast. Weiterhin schenkt sie Dir Unterstützung und helfende Energie in Deinem Prozeß, ob nun körperlich oder geistig. (Dazu etwas Zeit lassen.)*

— *Nimm nun das, was Du auf Deinen Wahrnehmungsebenen erlebt hast, in Dein Herzensbewußtsein auf; und nimm Dir noch die Zeit, klar und konkret das Erlebte auf Deinen Alltag zu übertragen. Was bedeutet das Erfahrene für Dich ab jetzt? Welche Maßnahmen und Verhaltensweisen sind zum Umgang mit Deinem Thema sinnvoll? Sei Dir der kosmischen Gesetze, wie innen – so außen, wie im Kleinen – so im Großen, bewußt. Vertraue Deinen Wahrnehmungen.*
— *Komme nun langsam zu Ende mit diesem aufnehmenden Teil der Meditation und laß Dankbarkeit aus Deinem Herzen fließen: In Deinen Körper grobstofflicher und feinstofflicher Art, in die Urquelle von Licht und Liebe, in Mutter Erde, an die Einheit von Vater-Mutter-Gott, für alles, wie es in Dir und um Dich herum ist. Atme eine Weile Frieden ein und Liebe aus. Beende die Meditation langsam, atme bewußt ein und aus, bewege Dich sanft in Deinem Körper, recke oder strecke Dich und öffne die Augen, um wieder wach und klar in Deiner Außenwelt zu sein.*

Diese Art von Meditation kann in der für Dich stimmigen Art und Weise verändert werden. Klebe nicht an meinen Worten, sie sind nur ein Vorschlag.

Man kann sich auch vor der Meditation einen Pomander aussuchen, den man dann nach der Einstimmung (Entspannung, Atmung, Herzquelle bewußt stärken) anwendet und auf seine Problematik oder seinen Heilungswunsch einwirken läßt. Oder man erfährt in der Meditation den Pomander, der ab jetzt eine willkommene Hilfe bietet.

5.

Die Aura-Soma-Meisteressenzen

Der Same Gottes ist in uns ...
Birnensamen wachsen zu Birnbäumen heran,
Haselsamen zu Haselsträuchen,
und Gottessamen zu Gott.
Meister Eckhart

Über die Meisteressenzen zu schreiben, ist eine der größten Herausforderungen für mich. Sie bedeutet, mein Ego wirklich ganz an die Seite zu stellen und das zu Papier zu bringen, was die Meisterenergien in meinem Herzen auslösen, ohne eigenmächtige Verschönerungen das Wesen der Meister zu beschreiben. Es gilt, mit der universellen Weisheit und der allumfassenden Liebe verbunden zu sein.

Über die Meisteressenzen zu schreiben, bedeutet, noch mehr in die spirituellen Körper einzutauchen – ohne die Verwurzelung im irdischen Körper zu verlieren. In die spirituellen Körper gelangen wir über unsere Gefühle. Es gilt, sich den Hemmungen oder gar Ängsten zu stellen, sie anzuschauen und sie dadurch zu erlösen. Es gilt ebenso, der Freude und der Schönheit in solchen Konzentrationen und Dimensionen zu begegnen, die unser Zell- und Organbewußtsein in ihrer Schwingung stark erhöhen.

Die Erfahrungen, die uns mit Aura-Soma-Meisteressenzen zuteil werden, sind *Erfahrungen jenseits der Worte*. Ich versuche, sie in Worte zu fassen oder zumindest Begriffe und Bilder anzubieten, die die Qualität umschreiben und den Leser zumindest in die Nähe der Botschaft bringen.

Die einzelnen Meisteressenzen bestimmten Lebens- und Reifequalitäten zuzuordnen, ist für mich ähnlich oder gar schwieriger, als die Zuordnung von Edelsteinen und Kristallen. Bei den Edelsteinen hält man etwas Materielles in Händen, unsere Augen können etwas sehen, unsere Hände etwas fühlen. Die Meisteressenzen führen uns in Bereiche, in denen wir mit unseren inneren Augen hinschauen und mit inneren Wahrnehmungsorganen vertrauen lernen müssen. Sie begleiten uns in neue Dimensionen. Dabei können Erfahrungen mit den schützenden und bewußtseinserweiternden Pomandern erste Voraussetzungen gewesen sein, der Umgang und Gebrauch ist aber keine Bedingung für die Anwendung von Quintessenzen.

Den Begriff des Meisters habe ich im ersten und zweiten Kapitel umrissen, jetzt führt uns der Weg noch mehr in die Tiefe, beziehungsweise in die Höhe. Der Aufstieg ist letztendlich ein Abstieg in unser Selbst. Ich erinnere an die Dualität der Dinge und die oft paradoxen Wortbedeutungen.

Die Meister sind unabhängig von jeder Religion, in jedem Zeitalter gab es solche Begriffe wie Lehrer und Meister. Sie führen aus Abhängigkeiten hinaus und nicht in solche hinein. Sie sind mehr als bewußtseinserweiternd und festigen unsere Schritte, wenn wir Neuland betreten.

Vicky Wall sprach von den Quintessenzen sehr achtsam, und ihr großer Wunsch war es, die Meister nicht als etwas zwischen dem Menschen und Gott verstanden zu wissen. So wie es im Christentum eine Hierarchie von Engeln und Erzengeln gibt, die Gott dienen und die uns hilfreich zur Seite stehen und uns dennoch nicht auffordern, wie sie selbst zu werden – so sind auch die Meister zu verstehen. Sie sind jetzt in unserem Neuen Zeitalter da, um uns in neuen Bewußtseinsprozessen zur Seite zu sein und unser Höheres Selbst als unseren inneren Meister zu schulen. Sie sind mit uns in Resonanz, um uns auf die nächsten Etappen der Menschheitsentwicklung vorzubereiten. *Sie bieten uns den Schlüssel an, damit wir ein neues, erweitertes Haus des Bewußtseins aufschließen können.* Diesen Schlüssel anzuwenden und durch die Tür hindurchzugehen, liegt im Entscheidungsbereich eines jeden Menschen selbst. Es braucht unsere Motivation und das Vertrauen, ganz in die Kraft zu gehen. Ich erinnere noch einmal daran, daß dies alles nur Hilfsbilder sind, denn diese verschlossenen Türen, die mit den Schlüsseln aufgehen, die wir symbolisch von den Meistern dargeboten bekommen, sind nichts anderes als unsere gedanklichen Widerstände oder gefühlsmäßigen Prägungen, die durch die freiwerdende Liebe unseres Herzens aufgelöst werden können. Je mehr ich diese Liebe zum Beispiel für Lady Nada oder Meister Hilarion empfinde, um so mehr Liebe wird in mir frei, die dann mein Inneres heilt. Ich vermute, daß wir Menschen schon eine ganze Menge von Umwegen gegangen sind.

Wenn wir dazu bereit sind, erfahren wir durch die Meister eine *Ausrichtung unserer Seele*. Es mag uns manchmal wie eine Kurskorrektur vorkommen. Die Meisteressenzen zeigen sich unserer Wahrnehmung als Lichtstrahlen. Es ist dies nicht die Qualität der Lichtstrahlen unseres gewohnten Licht- und Farbspektrums, wie zum Beispiel die der Pomander-Reihe, sondern es geht darüber hinaus. Die Lichtstrahlen beziehen sich auf die kosmische Ebene. Es sind die übergeordneten Farben, Energien und Botschaften des Universums. *Diese Lichtstrahlen können für uns Leitstrahlen sein, an denen wir uns orientieren können.*

Die Farbenergien der Meisteressenzen liegen außer der

Christus-Energie (dunkelrot) und Djwal Khul-Energie (smaragdgrün) alle im Pastellbereich. Es sind feine, sanfte und dennoch sehr kraftvolle Energien, die mit unseren spirituellen, feinstofflichen Körpern und Chakras in Resonanz schwingen.

Durch das sich entwickelnde und wachsende Bewußtsein der kosmischen Ebenen werden uns mit den Meisteressenzen auch die bisher unbewußten, weil nicht erkennbaren Chakras faßbarer, nämlich das achte bis zwölfte Haupt-Chakra. Wir öffnen uns allmählich für die Informationen, die uns diesen neuen Raum erschließen und erfahrbar machen. Information ist Licht, die Quintessenzen bieten uns dieses Licht an. In dem Begriff *In-form-ation* steckt: in Form kommen. Durch die Informationen der Meisteressenzen bekommen auch wir Menschen die erweiterte Form unserer Feinstofflichkeit.

Für unsere inneren Augen heißt das, neue Lichtfrequenzen wahrzunehmen – als Wahrheit anzunehmen; sich im Einklang mit seinen Stärken und Schwächen auf den neuen Weg zu trauen, von dem man manchmal gerade so viel sieht, daß es für den nächsten Schritt reicht. Der Überblick ist nicht mehr in dem vertrauten Maße da, sondern es braucht das erweiterte Vertrauen in das Geführt-werden.

Die Aufnahme von männlicher und weiblicher Energie ist gefordert, wobei es die weibliche Qualität ist, die für die Information empfänglich ist, sie aufzunehmen, sie versorgend zu stärken – im vollen Vertrauen, dem großen, übergeordneten Plan der Selbstfindung zu dienen. Es braucht die weibliche Fähigkeit, bereit zur Hingabe zu sein. Die männliche Qualität ist aufgerufen, für Schutz und Geborgenheit zu sorgen und dann, wenn die Zeit reif ist, diese Energien umzusetzen, sie zur rechten Zeit am rechten Ort ins große Ganze zu integrieren und sie aktiv am großen Gewebe der Schöpfung mitwirken zu lassen.

Dabei erfahren wir die Schwingung der Agapé-Ebenen der Liebe, das ist die universelle, göttliche Liebe in der reinen, selbstlosen Form. Im Kontakt mit den Meisteressenzen erfahren wir sehr viele verschiedene Formen der Lösung. Das Vertrauen in die Richtigkeit der neuen Erfahrungen fordert uns auf, das Selbst von dem Druck des oft zweifelnden und ängstlichen Ichs zu erlösen: *Frei zu werden von zuviel Gepäck auf dieser spirituellen Reise unserer Seele.* Es wird uns leichter werden, wenn wir unseren Rucksack als ein Bild unserer selbst aufgeladenen Last überprüfen, dahingehend ob wir das Mitgeschleppte auch wirklich noch brauchen oder ob es nun an der Zeit ist, einiges loszulassen. Das bedeutet, daß wir auch Karmisches freilassen, daß wir das Gesetz von Ursache und Wirkung, von Saat und Ernte verstanden haben und unsere Wirklichkeit so gestalten, daß wir Freude, Schönheit und Eins-Sein ernten.

Allerdings steht uns unser Verstand dabei manchmal im Weg. Gerade wenn es um das Loslassen geht, ist es oft unser Verstand, der uns überdenken läßt, ob wir auch wieder das zurückbekommen, was wir loslassen. Er rät uns, lieber das Alte und Vertraute, wenn auch manchmal sehr Schmerzliche, zu behalten, als die Gefahr des Neuen einzugehen. Wir müssen unseren Verstand trainieren und unsere Gedankenwelt erweitern, wenn wir das Alte endlich freilassen wollen. Unsere Denkprozesse stehen uns so manches Mal im Weg.

In Phyllis Krystalls Buch (Literaturliste) steht der schöne Vergleich unseres Verstandes (mind) mit einem Affen. Bietet man ihm Erdnüsse in einer Flasche mit einem engen Hals an, durch den er gerade seine Hand hineinstecken kann, dann wird er mit seiner Hand – und seinem beschränkten Verstand – die Erdnüsse packen und nicht mehr loslassen. Auch wenn er dadurch unbeweglich wird, weil er mit einer Hand in der Flasche keinen rettenden Baum mehr erklettern kann und er ganz leicht einzufangen ist. Aber was er hat, das hat er – unser Verstand. Unser Verstand ist es, der uns in Gedanken und Taten in Fesseln legen kann, und unser Verstand im Einklang mit unserem Höheren Selbst ist es, der uns von den Fesseln auch wieder befreien kann.

Einige inkarnierte Seelen tragen ein schweres Reisegepäck auf ihrem Reifeweg mit sich. Ein Rucksack voller Wünsche und Vorstellungen, von denen sich so manche als Enttäuschungen entpuppen werden.

Sathya Sai Baba sagt:
– Eure Aufgabe ist es, alles loszulassen. Gebt alle eure Pläne auf, auch die besten, laßt ab von allen Theorien, die ihr euch zurechtgelegt habt, laßt alle Doktrinen los, die euch so lieb und teuer sind, alle Wissenssysteme, die euer Gehirn verstopfen, die Vorlieben, die ihr euch angeeignet habt, euer Streben nach Ruhm, nach Vermögen, nach Gelehrsamkeit und auch danach, auf irgendeine Art besser zu sein als die anderen. Das alles ist materiell ausgerichtet. Kehrt erst in die materielle Welt zurück, wenn ihr euch des *atman* bewußt geworden seid. Dann werdet ihr erkennen, daß alles ein Spiel des *atman* ist.[3]

Mit Atman ist die göttliche Essenz in allem gemeint, das als höchstes Prinzip des Lebens überhaupt gilt.

Wenn wir den erhöhenden Schwingungen der Meisteressenzen vertrauen und sich unsere Körperfrequenzen erhöhen, wird es uns ganz selbstverständlich werden, den erschwerenden Ballast loszulassen.

Ein Erklärungsmodell für unseren manchmal blockierenden Verstand liegt in dem Bild einer *unaufgeräumten Bibliothek*. Es besteht die Theorie, daß intelligente Wesen eine Zellkernstruktur haben könnten, in denen zwölf DNS-Stränge harmonisch miteinander funktionieren. DNS ist die Abkürzung für Desoxyribo-Nuklein-Säure und bezeichnet die Aminosäuren unserer Gene, also unserer Erbinformation, die in jeder einzelnen Zelle enthalten ist. Sie ist wie eine in sich gedrehte Spirale aufgebaut, die aus zwei Strängen besteht. Die anderen Informationen, die für eine Spirale aus zwölf DNS-Strängen gebraucht würden, sind zwar potentiell vorhanden, aber eben wie im Bild der unsortierten Bibliothek gerade nicht auffindbar. Viele unserer sogenannten Fähigkeiten liegen brach; daß wir Menschen nur einen sehr kleinen Teil unseres Gehirns nutzen, bestätigen auch Hirnforscher. Die Aura-Soma-Meisteressenzen bieten uns auf dem Wege zur inneren Ordnung Licht und Information an, damit wir unsere Bibliothek aufräumen und Zugang zu dem tiefen Wissen in uns finden.

In der Anwendung einer Meisteressenz *öffnen wir uns* der Botschaft eines bestimmten Meisters. Wir sind dann bereit, uns von seiner Energie und seiner Weisheit inspirieren zu lassen und geben uns der Resonanz seiner Schwingung hin. Es ist wie eine *Feineinstellung unserer inneren Wahrnehmungsorgane* auf einen bestimmten Sender im Universum.

Auch bei den Meisteressenzen sind Farben und Düfte erste Anziehungsmerkmale, zusätzlich kommt hier nun eine spezifische Energie dazu, nämlich die Meisterenergie, die bisherige Einstellungen korrigieren kann oder bestimmte Wesenszüge durch die In-form-ation des Meisters stärkt.

Jeder Meister bringt eine Vertiefung in einen Komplex

von Lebensaspekten und Qualitäten. Dabei sind sie klar und sehr konkret in ihren Absichten, den Suchenden und sich öffnenden Menschen zur Seite zu stehen. Sie klopfen nicht an, sie reißen keine von uns erbauten Schutzmauern ein. Wenn wir jedoch die Tür öffnen, dann sind sie da; und sie erfreuen sich unserer Dankbarkeit und unseres Erfolges auf unserem Weg.

Die Botschaften, die uns durch die Meister vermittelt werden, sind nicht wie schöne Worte, die man in der Tiefe seines Gedächtnisses stapeln sollte. Sie sind dazu da, daß wir sie in uns und in unserer Umgebung leben.

5.1. El Morya

El Morya ist die hellblaue Meisteressenz mit frischem, blumigem Duft, bei den Balance-Ölen steht Blaßblau über Blaßblau. Die Botschaft von El Morya ist das Einverständnis des Menschen gegenüber der Schöpferkraft, *daß Gottes Wille durch den Menschen wirke – denn Sein Wille ist Liebe.* Das bedeutet tiefes Vertrauen und echte Hingabe. Sein sehr starkes Licht begleitet uns, wenn wir bereit sind, unsere Tiefen in uns selbst zu ergründen. Wo Licht ist, weicht die Dunkelheit, sie löst sich auf. Das Licht El Moryas ist ermutigend und befreiend. Befreiend in dem Sinne, daß wir mit ihm gemeinsam erkennen, was wir noch an schwerem Ballast mit uns im Reisegepäck führen, das uns daran hindert, den Willen Gottes durch uns geschehen zu lassen.

Seine Vertrauensbotschaft stärkt unser Höheres Selbst, das im Einklang mit der Seele vom übergeordneten Wirken weiß. Es ist mir an dieser Stelle wichtig, meinen Einblick zu dem sogenannten übergeordneten Wirken oder auch

Plan darzustellen. Ich glaube daran, daß es eine Macht gibt, die unteilbar eins ist und die ich als die Urquelle von allem Licht und aller Liebe sehe, ich nenne sie Urschöpferkraft oder Einheit Vater-Mutter-Gott. Alles Geschaffene, ob Mineral, Pflanze, Tier, Mensch oder Lichtwesen, trägt diese göttliche Essenz in sich, die das höchste Prinzip des Lebens, nämlich die Liebe, darstellt. In diesem Spiel des Lebens sind wir als Menschen keine Marionetten, sondern tragen in uns den Kern des freien Willens. Wir können selbständig wählen und unsere Lebensenergien für unsere Pläne einsetzen.

Die Kraftquelle dabei ist die Sonne, die ohne Bewertung allen gleich ihre lebensspendende Energie schenkt. Dem vermeintlich Bösen ebenso wie dem Guten. Neben der Urschöpferenergie gibt es vielerlei Variationen von Schöpferenergien, die aufgrund ihres freien Willens nicht auf das göttliche Ziel der Einheit ausgerichtet sind. Auf diesem Planeten Erde geht es darum, diesen freien Willen sinnvoll einzusetzen – sinnvoll bezeichnet in diesem Zusammenhang das harmonische Zusammenwirken der verschiedensten Kräfte.

Zur Zeit sieht es manchmal so aus, als würde unser Neues Zeitalter im Chaos versinken. Viele Wesenheiten sind sich ihrer Kraft und ihres freien Willens sehr bewußt und verwenden ihn in ihrem Dominanz- und Machtwunsch zu ihren egoistischen Zielen. Das große gemeinsame Ziel scheint für viele verschiedene Gesichter zu haben. Zur Zeit gilt es, und dafür stehen uns die Meisterenergien auch unterstützend zur Seite, einen Überblick in dem vorherrschenden Chaos zu behalten und sich der inneren, ewigen Werte bewußt zu bleiben.

Es ist Zeit, hinzusehen, wo wir aktiv unsere Wirklichkeiten mitgestalten und wo wir Teil eines Ganzen sind und uns in tiefstem Vertrauen fügen müssen. Wir wählen, ob wir mit unserem Schicksal noch hadern oder ob wir uns mit unserer Willenskraft bewußt einsetzen.

Der Wille des Höheren Selbstes ist eins mit allen anderen und wirkt gemeinsam am Gewebe des universellen Lebens. El Moryas Licht hilft in der Unterscheidung zwischen dem Ego-Willen und dem Höheren Selbst-Willen. Es mag sein, daß wir in Anwesenheit von El Morya an Lebenssituationen kommen, die uns Konfrontationen und Auseinandersetzungen mit Autoritäten bringt. Erkennen wir mit seinem Licht, wer die wahre Autorität ist, der wir uns fügen. In diesen Autoritätsthemen können Erinnerungen an unsere Eltern auftauchen – sei es, daß sie für uns mit guten Erfahrungen einhergehen und unsere Rollenbilder als Mutter und Vater positiv geprägt sind, sei es, daß sie mit schlimmen, schmerzlichen Erinnerungen gekoppelt sind.

Vater und Mutter sind die ersten Menschen in unserem jetzigen Leben, die uns etwas lehrten und die unsere ersten Verhaltensmuster prägten. Sie brachten uns auch bei, was Gehorsam und Achtsamkeit ist. Wichtige Bausteine für unser Lebensbild.

Die hellblaue Farbe von El Morya wirkt über die Aura des Kehl-Chakras auf die Ohrregion und somit energetisch auf das Hören, das Hinhören auf die innere Stimme des Höheren Selbstes.

Wenn wir uns auf die Meisterenergie der Hingabe und des Dienens mit El Morya einstellen, erkennen wir im höchsten Maße unseren Lebenssinn. Wenn Gott durch uns wirkt, ist nichts, auch nicht die kleinste Tat, umsonst oder nutzlos. Alles ist sinnvoll. So hilft El Morya in vielen Fragen, die mit Lebensaufgaben, Sinnlosigkeit, Egoismus und Selbstlosigkeit zu tun haben.

Mich berührt immer wieder die unergründliche Tiefe des Vertrauens, wenn ich mich der Energie von El Morya öffne. Ich lernte mit ihm, die Bedeutung von Hingabe wertzuschätzen.

Der weibliche Anteil von El Morya ist Lady Miriam von Chaldäa, herabgestiegen von Ur. Vicky Wall empfing diese Namen und Botschaften sowie alle Meisternamen in ihren Meditationen.

In einem Büchlein über „Meditationen und Anrufungen für jeden Tag der Woche" (Literaturhinweis) steht, daß der aufgestiegene Meister El Morya, der Chohan des Ersten Strahles und Lenker des Göttlichen Willens, sagt: „Die Wahrnehmungen all eurer Pflichten bringt es mit sich, daß ihr weniger als andere an euch denken könnt, und das ist gut so, denn die Bedürfnisse des Ichs sind in Wirklichkeit gar nicht so groß, nur die Menschen erweitern sie zu einer Wichtigkeit, die ihnen nicht zusteht. Dieses überbewertete Ich-Bewußtsein treibt den Menschen dazu an, immer mehr in Äußerlichkeiten zu fallen, und er wird dadurch die wahren Werte des Lebens nicht mehr erkennen. Das Verständnis für den Mitmenschen geht dabei nach und nach verloren und wird erst wieder erwachen, wenn das kleine Ich zum Schweigen kommt.

So ist es euch Schülern gegeben, dem Mitmenschen die Hand zu reichen und die Liebe eures Herzens zu aktivieren, um jeden, der zu euch kommt, in Licht und Wärme einzuhüllen. Euer eigenes Dasein wird auf diese Weise reicher und schöner, und die Verantwortung, die ihr für die Ausbreitung des Lichtes übernommen habt, macht euren Blick freier und weiter und führt euch vom eigenen kleinen Ich hinweg."[4]

Meditationsimpulse mit El Morya:

Am Ende dieses Kapitels beschreibe ich eine allgemeine Meditationsanleitung sehr ausführlich, an dieser Stelle will ich daher nur einige Meditationsimpulse erwähnen, die sich mit der jeweiligen Meisterenergie anbieten. Nach einer individuellen Einstimmung lädt El Morya ein, folgende Themen auf sich wirken zu lassen:
- das Gesetz des Lichtes zu erkennen; wo Licht ist, weicht die Dunkelheit
- mit dem Licht und dem Vertrauen El Moryas in die Tiefe zu gehen und sich selbst und seine Beweggründe zu erforschen
- den persönlichen Willen und den Willen Gottes zu erkennen und unterscheiden zu lernen
- meditiere über das Gayatri-Gebet:
    > Du, der du die Quelle aller Kraft bist,
    > deren Strahlen die ganze Welt erleuchten,
    > erleuchte auch mein Herz,
    > so daß auch dies dein Werk tun kann.[5]
- im Einklang mit sich selbst und seinen Qualitäten zu sein, Rollenverhalten, Anerkennung von inneren und äußeren Autoritäten
- wahres Dienen und echte Hingabe
- im Vertrauen, daß Gottes Wille durch Dich geschehe, werde frei und vergib Dir und anderen, es wäre nur Ballast auf Deinem Weg
- finde eine für Dich stimmige Affirmation. Zum Beispiel: Nicht mein, sondern Dein Wille geschehe – Dein Wille geschehe durch mich – Gottes Wille wirkt durch mich.

5.2. Kuthumi

Die Aura-Soma-Quintessenz von Meister Kuthumi ist blaßgold und riecht blumig, würzig. Als Balance-Öl steht Blaßgelb über Blaßgelb. Seine feinen Farben wirken in die Aura des Solarplexus und senden über das Licht die Chancen des Erkennens. Kuthumis Botschaft liegt in *der tiefen Weisheit, daß alles Geschaffene, ob Mineral, Pflanze, Tier, Mensch oder Geistwesen EIN Bewußtsein hat.* Diese verschiedenen Ebenen von Bewußtsein kommunizieren miteinander.

Wir Menschen können mit seiner Hilfe die Brücke zwischen zwei verschiedenen Bewußtseinsebenen überqueren. Kuthumi schenkt dem Universum seine vermittelnden und miteinander kommunizierenden Qualitäten. Er fördert in uns die Gemeinsamkeit und das Zusammengehörigkeitsempfinden, was uns mit Freude erfüllt.

In der indianischen Kultur sprach man vom Geist bestimmter Dinge, und jeder kannte sein sogenanntes Krafttier, es wurde symbolisch oft als Amulett getragen. Andere Begriffe für diese Formen von Bewußtsein sind bei den Pflanzen die Pflanzengeister, auch Devas genannt, es gibt die Hüter von Edelsteinen, die Wesenheit eines Kristalls, es gibt den Begriff der Lichtwesen und Engel.

Kuthumi lehrt uns, die verschiedenen Bewußtseinsstufen zu erkennen, zu achten und sich miteinander auszutauschen. Wertschätzung, Dankbarkeit und echte Liebe nähren diese feinstofflichen Wesen. Es schafft ein Gefühl von *Verbundenheit und dem wahren Eins-Sein.* Einsam können wir uns als Mensch fühlen, wenn wir nur auf einer, nämlich unser eigenen menschlichen Bewußtseinsstufe bleiben. Erweitern wir unseren Wahrnehmungshorizont, dann werden uns weitere, in uns verschieden angelegte geistige Energieformen bekannt werden. Wir sind im Prinzip *nie* einsam, sondern können uns nur im *All-eins-Sein* und mit allem verbunden fühlen.

Die Meisterenergie von Kuthumi wirkt auf diese Weise auf die verschiedensten Ängste und Hemmungen. Angst haben wir oft vor *dem uns fremden*, vor etwas, was uns nicht vertraut ist. In seiner vermittelnden Begleitung und unserem Wunsch, den Angstzustand wirklich verändern zu wollen, werden wir vertraut mit dem, was uns Angst machte oder unseren Weg blockieren konnte. Wertschätzung und Dankbarkeit für den symbolischen Stolperstein, der sich als Ängste und Hemmungen zeigen kann, wird unsere innere Einstellung sehr verändern.

Etwas sehr Wesentliches von Meister Kuthumi ist dabei seine *Leichtigkeit* und sein *echter Humor*. Wenn ich in meinen persönlichen Prozessen die ganze Sache etwas unpersönlicher sehe, bekommt der Verlauf oft eine Wende. Wenn ich über mich selbst lachen kann, nehme ich der Angelegenheit übertriebene Spannung, und neue Handlungsmöglichkeiten zeigen sich.

Vicky Wall erkannte die Verbindung von Meister Kuthumi zu Franz von Assisi, der ein Vorbild von Mitgefühl war und dem es besonders leicht fiel, mit dem Bewußtsein von Vögeln und anderen Tieren zu kommunizieren. Auch Lord Maitreya oder Buddha Maitreya wurde ihr in dem Zusammenhang genannt. Maitreya bedeutet *liebende Güte*, Buddha Maitreya war der Buddha des Mitgefühls – einer wahrhaften Qualität des Herzens. Mitgefühl mag vielerlei Facetten haben, eine sehr schöne las ich in Sogyal Rinpoches Buch: Das tibetische Buch vom Leben und vom Sterben. In der Geschichte ging es um Asanga, der im vierten

Jahrhundert in Indien gelebt hatte. Sein sehnlichster Wunsch war es, daß Buddha Maitreya ihm erscheinen und ihn lehren möge. Viele Jahre meditierte er in den Bergen, klärte sich und hoffte, ihm möge dieses Geschenk der Erscheinung zuteil werden. Öfters wollte er aufgeben, hielt aber seine Meditationen über zwölf Jahre durch. Dann gab er doch auf, und auf seinem Weg nach Hause sah er einen halbverwesten Hund am Wegrand liegen, der sich nur noch auf seinen Vorderpfoten weiterziehen konnte. Asanga überkam tiefes Mitleid und gab dem Hund ein Stück Fleisch von seinem Körper. Das Mitleid wuchs, und er wollte den Hund von den Maden befreien, die den verwesenden Hundekörper aufzehrten. Um aber die Maden selbst nicht zu verletzen, wollte er dies mit seiner Zunge tun – in diesem Moment verwandelte sich der verwesende Hund in die lichtvolle Erscheinung Maitreyas. Asanga war überrascht und fragte ihn, warum er ihm in all den Jahren in den Meditationen nicht erschienen sei. Maitreya entgegnete ihm, daß er die ganze Zeit bei ihm war, Asanga ihn aber nicht wahrgenommen hätte. Seine Vorstellungen und Wünsche hätten dies verhindert. Asanga mußte erkennen, daß niemand der anderen Menschen um ihn herum Maitreya sehen konnte. Sie waren nicht vom wahren Mitgefühl erfüllt und trugen nicht das echte, ehrwürdige Erbarmen im Herzen, sondern waren verblendet.

Meister Kuthumi lehrt uns Mitgefühl und Achtung gegenüber anderen Bewußtseinsformen in unserer Umgebung, in unserer jetzigen Welt. In ihr sind Begegnungen mit den Wesen der Edelsteine und Kristalle, den Devas von Pflanzen und Bäumen und mit Engeln möglich.

Ich erlebte vor Jahren eine Begegnung mit der Meisterenergie von Kuthumi. Ich nahm an einem Seminar auf

Kreta teil, dessen Inhalt die Einweihung ins eigene Mysterium war. Jeder Teilnehmer wählte sich intuitiv einen Edelstein aus, der ihn auf seinem Weg unterstützen könnte. Mein Stein war eine fast klare Naturzitrinkugel (Farbe blaßgold). Bei einem speziellen Ritual auf einem Berg wurden wir von der Seminarleiterin Ursula Klinger-Omenka geführt, intuitiv zu einer Aura-Soma-Meisteressenz zu finden. Das war damals Meister Kuthumi. In der anschließenden Meditation *sah* ich ganz klar und konkret vor meinen inneren Augen Bilder, wie ich eine bestimmte Energiebehandlung ausführen sollte. Ich sah, wie durch bestimmte Handstellungen in der Aura des Rückens der Lebensstrom gereinigt und gestärkt werden würde. Ich erkannte in völliger Klarheit, was die einzelnen Handpositionen bedeuten. Ich nahm dies innerlich zur Kenntnis, konnte aber noch nicht sehr viel damit anfangen. Zu jenem Zeitpunkt war mir der Begriff des Lebensstroms noch nicht bewußt. Ich verstand, daß sich mir in Verbindung mit Meister Kuthumi und dem Zitrin dieses Geschenk der Lebensstrombehandlung offenbarte. Ich war aufmerksam, welche Anweisungen noch dazu kämen. So geschah es auch. Ursula sprach am darauffolgenden Tag auffällig oft über den Lebensstrom und seine Bedeutung und wunderte sich selbst, daß dieses Wort an jenem Tag eine überaus große Bedeutung hatte. Ich erkannte den Zusammenhang zwischen den Bildern der Energiebehandlung am Rücken eines Menschen und dem Lebensstrom.

Am Rücken können wir soviel vor unseren äußeren Augen verstecken, dort liegen oft die Blockaden oder Verengungen des Lebensenergiestroms für den Behandelnden ganz offensichtlich. Ich hielt mich noch oft an diesem Meditationsort auf dem Berg auf, wo mir die ersten Anweisungen gegeben wurden. Ich bat Meister Kuthumi, mir noch wesentliche Rahmenbedingungen zu eröffnen, und erst als ich alle Einzelheiten verstanden hatte, konnte ich die Lebensstrombehandlung als geboren ansehen. Heute muß ich darüber lächeln, wie lange ich benötigte, um diesen inneren Anweisungen zu vertrauen. Damals stand ich solchen *Botschaften* sehr skeptisch gegenüber. Im Laufe der Jahre kann ich sie zwar nicht besser erklären, aber ich vertraue den Erfahrungen, die ich durch solche Impulse erlebte. Wahrscheinlich hat auch Meister Kuthumi über mich geschmunzelt. Ich danke ihm noch heute für sein Mitgefühl mit mir und für die Geduld, bis ich meine Zweifel loslassen konnte.

Meister Kuthumi erteilt *Auf-gaben*, beziehungsweise etwas eigenes auf-zu-geben, ohne dabei das Selbst zu verlieren. Ich erhielt in der Lebensstrombehandlung eine Aufgabe, ich war gefordert, mein Ego zurückzustellen und meinem Selbst zu vertrauen.

Meister Kuthumi gilt als Chohan des Zweiten Strahles und als Weltenlehrer. Er sagt: „Wir erfüllen getreulich unsere Aufgabe, der Menschheit auf Erden den wahren Sinn ihres Lebens wieder vor Augen zu führen. Die Zeit des tiefen Eintritts in die Materie geht nun vorüber, denn andere, höhere Schwingungen treffen auf das Planetensystem und regen den Geist der Menschen auf ungeahnte Weise an. Der Schlaf des Jahrhunderts ist zu Ende, das Zeitalter der Freiheit bricht an und lenkt Kräfte in die Menschenseelen, die neu für sie sind und sie in eine völlig andere Richtung führen, ungewohnt für ihren bisher getrübten Blick.

Das so fest verwurzelte Weltbild, das höhere Erkenntnisse ausschloß und durch Begrenzungen und religiöse Dogmen geprägt war, die noch aus den düsteren Jahrhunderten herüberreichen, wird schnell hinweggefegt. Freiheit des Geistes, wahre Erkenntnis des menschlichen Lebenszweckes, Entfaltung der inneren Kräfte, brüderliche Liebe – das sind die Werte, die das Neue Zeitalter hervorbringen wird, und die Menschheit wird offen für sie sein. Eine überlebte Epoche, an die sich noch viele klammern, weil sie ihren irdischen Besitz festhalten wollen, geht zu Ende und mit ihr die Überbewertung materieller Errungenschaften."[6]

Meditationsimpulse mit Kuthumi:

Nach individueller Einstimmung lädt Meister Kuthumi ein, folgende Themen auf sich wirken zu lassen:
- sei dankbar allem Lebendigen gegenüber
- werde in Deiner Empfindung eins mit einer Blume, einem Baum, und begreife das Wesen der Pflanze und welche Botschaft sie für Dich hat
- Eins-Sein mit einem Edelstein
- Eins-Sein mit einer Dir bisher wenig vertrauten Ebene
- die Verbundenheit zu allem Geschaffenen erspüren
- begegne neuen Ebenen oder Dir noch nicht vertrauten Wesen mit Herz und Mitgefühl, ohne Ängste und Hemmungen, nur in gesunder Vorsicht
- lerne die Qualität Deines Mitgefühls kennen
- Atmung ist Austausch, Kommunikation ist Austausch
- wieviel Raum läßt Du dem echten Humor, dem Lachen und der Leichtigkeit?

5.3. Lady Nada

Die Aura-Soma-Quintessenz von Lady Nada ist hellrosa und duftet herrlich nach Rosen. Bei den Balance-Ölen steht Blaßpink über Blaßpink. Lady Nada ist die *Meisterin des Herzens*, daß heißt, *ihre Botschaft lehrt uns die bedingungslose Liebe.*

Die Liebe von Lady Nada bereichert im Wurzel-Chakra die Selbstannahme und unsere Bereitschaft, Liebe annehmen zu dürfen. So selbstverständlich das für einige von uns klingen mag, für manche ist der Selbstwert ein Problem. Im Sakral-Chakra wirkt ihre Liebe auf unsere Vitalität und läßt sie kraftvoll sein. Der Mut im Solarplexus wird gepaart mit Liebe zum sinnvollen Kraftstrom und nicht zur verletzenden Aggression. Die Qualität der *Gut-müt-igkeit* findet hier ihren Einsatz, die, wenn sie sich zeigt, andere manchmal einlädt, sie auszunutzen. Auch im sinnvollen Grenzen-setzen kann man *guten Mutes* sein.

Im Herz-Chakra, dem Hauptsitz der Liebe, steigert Lady Nada die Intensität des Empfindens und eröffnet neue Dimensionen. *Die reine Liebe ist das Wissen, das im Herzen zur Weisheit wird.*

Im Kehl-Chakra wird durch ihre Liebe unsere Stimme herzlich, echt und fließend. Stauungen und Hemmungen, etwas auszusprechen, lösen sich auf. Wir bleiben im gesunden Kommunikationsfluß. Sind unsere Gedanken mit Liebe und Verständnis durchwoben, gewinnen sie andere Strukturen, als wenn sie mit Härte durchtränkt sind. Wenn sich die Kraft der Liebe mit der Kraft der Gedanken vereint, werden sich unsere Verhärtungen und gar Blockaden verändern, sie werden aufweichen und sich lösen.

Im Kronen-Chakra verhilft uns die Liebe von Lady

Nada zur wahren Selbstlosigkeit und dem tiefen Wunsch, der großen Gemeinschaft in Harmonie und Ausgeglichenheit zu dienen.

Sie lehrt uns das liebevolle Vertrauen in die kosmischen Gesetze – innen wie außen, oben wie unten. Die Menschen, die auf einen weiteren in der Außenwelt erscheinenden Erlöser oder Meister hoffen und warten, führt sie in ihr Herz. Wir haben diese göttliche Gabe der alles heilenden Liebe schon erhalten, wir tragen sie, oft ohne unser Bewußtsein, in uns. Unter denen, die auf einen äußeren Helfer warten, ist niemand, der die erlösende und heilende Liebe nicht schon empfangen hätte.

Lady Nada repräsentiert die Weisheit, daß männliche Qualitäten *gleichermaßen liebenswert* sind wie weibliche. So unterstützt sie besonders die Menschen, die mit ihrer Seelenentscheidung, als Frau oder Mann hier zu sein, Schwierigkeiten haben.

Überhaupt nimmt sie die Menschen besonders in ihr großes Herz auf, die in großer Not sind. Sie weiß und lebt es, daß die einzige Kraft, die tröstet und heilt, die bedingungslose Liebe ist. Mit ihrer Hilfe lernen wir Menschen, anderen eine gesunde Fürsorge zu schenken. Ich betone die gesunde Fürsorge, denn man kann mit Liebe auch jemanden erdrücken. Im sogenannten Helfersyndrom hilft man anderen mit der Hilfe, die man selbst gerne hätte. *Wahre Fürsorge* erkennt, wann das Gegenüber Liebe braucht und wann es wieder gut für sich selbst sorgen kann. Im übertriebenen Helfen ist die Bedingungslosigkeit der Liebe verlorengegangen, man erwartet eine Gegenleistung, und Enttäuschungen sind dann vorprogrammiert.

Wenn die Liebe des Herzens sich wirklich erhebt und von dem Menschen bewußt gelebt wird, wächst seine

Seele. Eine gesundende und wachsende Seele nährt und hilft anderen Seelen auf ihrem Weg, denn wahre Gesundheit bedeutet eine für sich und andere beglückende Lebensgestaltung.

Die große Meisterin des Herzens hilft uns in den Vorbereitungen, uns hier auf Erden bewußt zu werden, daß *wir Menschen selbst die Manifestation der reinen, selbstlosen Liebe sind.*

Lady Nadas Energie der Liebe ist ein einziges wundervolles Fließen. Wer sich diesem Fluß öffnet, erlebt die Reinigung und das Freilassen von negativen Emotionen wie Neid, gestaute Aggressionen, gar Zorn.

Eine weitere Qualität dieser großen Meisterin ist die Konzentration und Intensivierung im Empfindungsbereich. Mit ihrer Energie ist es besonders intensiv mitzufühlen, besonders intensiv, Musik zu hören, besonders intensiv zu lieben – auf welcher Ebene es auch sein mag. Mit ihr *hört* man nicht nur Musik, man *empfindet* sie im Herzen und gar im ganzen Körper. Die heilsamen Kräfte von Klängen und Stimmen finden mit Lady Nada eine intensive Ausdehnung. Die Kraft der Liebe durchströmt alles, läßt jedes Geschehen im Hier und Jetzt das Intensivste sein. Dabei lehrt sie uns zu beachten, daß wir in der grobstofflichen Materie unsere Grenzen kennen und achten lernen und die Verbindungskanäle in die feinstoffliche Welt der grenzenlosen Liebe öffnen und Erfahrungen in der harmonischen Verbindung beider Qualitäten machen.

Lady Nada ist mit der Gottesmutter Maria und somit mit der reinen Liebe der göttlichen Mutter verbunden. Durch sie erfahren wir das Angenommen-Sein, den Schutz und die Geborgenheit im körperlichen wie im spirituellen Erleben. Wir werden immer das Kind der göttlichen Mutter bleiben, und sie wird da sein und unseren Schmerz lindern, wenn wir uns für sie öffnen.

Ich erfahre persönlich eine unbeschreibliche Fülle von Zartheit und Sanftheit, wenn ich die Essenz anwende. Der Rosenduft erinnert mich an die *innere* Rose in meinem Herzen, es ist eine weiße Rose, die einer Lotosblume gleicht, die sich in bestimmten Situationen öffnet und grenzenlose Liebe und goldenes Licht ausströmen läßt.

Meisterin Lady Nada gilt als aufgestiegene Meisterin und Chohan des sechsten Strahles. Sie sagt: „*Liebe*, die Quelle des Lebens, verbindet uns miteinander. Laßt sie auch untereinander wirksam sein! Seht euch eingeschlossen in einen Kreis, das Band der Liebe. Spürt, wie die lichten Energieströme euch durchfluten... Laßt eure Liebe sich ausbreiten, stellt bewußt eure Nächsten, mit denen ihr noch nicht immer in Harmonie seid, in einen Lichtkegel der Liebesstrahlung und seht, was geschieht – ihr werdet erleben, daß sich die Wogen glätten und die Probleme lösen.

Ruft Mich jeden Morgen, bevor ihr an eure Arbeit geht, und laßt Mich euch zeigen, wir euer Alltag verläuft, wenn ihr mit Mir zusammen die Liebe in das Tagesgeschehen lenkt. Wenn wir dann einige Zeit miteinander gearbeitet haben, genügt es, Meinen Namen zu denken, und der Liebesstrom fließt in alle Erfordernisse.*"[7]

Meditationsimpulse mit Lady Nada:

Nach individueller Einstimmung lädt Lady Nada ein, folgende Themen auf sich wirken zu lassen:
- die Qualität des Mondes erspüren, das widerspiegelnde, weibliche Prinzip

- ohne Bewertung die erprobten Verhaltensmuster von Weiblichkeit und Männlichkeit auf sich wirken lassen
- mit Liebe im Herzen neue Ausdrucksformen seines andersgeschlechtlichen Parts finden (eine Frau ihre männlichen Anteile, ein Mann seine weiblichen Anteile)
- das bewußte Wahrnehmen und die Wirkung von Klängen und Musik, sich von Musik streicheln und *massieren* lassen
- Gestautes wahrnehmen und es bewußt fließen lassen, zum Beispiel in Tönen und Worten
- die Liebe in allen Ausdrucksmöglichkeiten wahrnehmen
- Liebe dankend aufnehmen und an Mineralien, Pflanzen, Tiere und Menschen verschenken – ohne Worte
- finde für Dich stimmige Affirmationen mit Lady Nada, zum Beispiel: ich vertraue in die Richtigkeit meines Herzens-Weges; ich liebe und ich werde geliebt.

5.4. Hilarion

Die Aura-Soma-Quintessenz von Meister Hilarion sieht hellgrün aus und riecht sehr intensiv und frisch nach Wald und Natur. Bei den Balance-Ölen steht Blaßgrün über Blaßgrün. Die Botschaft Hilarions lautet, *dem Weg, der Wahrheit und dem Leben* zu folgen. Seine Lehre übermittelt er in aller Stille. Ruhe, Frieden und Stille sind seine Qualitäten, in denen er unsere Selbsterkenntnis fördert. Er begleitet uns sehr liebevoll, wenn wir Zeit und Raum benötigen, uns selbst zu finden und wenn sich Gefühl und Verstand begegnen. Er stärkt in uns das ganzheitliche Verständnis. Seine Aufgabe ist es, die Suchenden zu begleiten, die ihren *Weg wahrhaftig gehen; so* daß wir auf unserem Lebensweg jederzeit im Einklang mit unserer Seelenschwingung sein können. Auch wenn noch so viel Hektik, Anforderungen und Chaos um uns herrschen, es gilt, jederzeit mit Körper und Seele eins zu sein und Entscheidungen im inneren Frieden mit sich selbst zu treffen.

Menschen, die sich von Hilarion begleitet fühlen, wissen, was sie tun. Jederzeit. Es sind Menschen, die einen ruhigen, ausgeglichenen Atemrhythmus haben. Die Atmung ist ein Symbol für den Austausch von innen und außen. Mit dem Ausdehnen der Lungen nehmen wir uns Raum zum Leben. Auch die Wahrheit braucht Raum. In diesem Lebensraum sind Körper und Seele eins. Lügen und Betrug schaffen Distanz, *Wahrheit schafft Nähe* und hält die Verbindung.

Vicky Wall sagte über Meister Hilarion, daß er die Seele durch die Wahrheit erfrischt. Ich erinnere an den grünen Pomander, der im Brustraum auch Raum schafft und bei allen Lungenproblemen eine heilsame Energie schenkt. Die hellgrüne Meisteressenz verstärkt dies im feinstofflichen Raum, in dem sie wie ein heilsamer Balsam für eine herausgeforderte Seele wirkt. Auch unsere Seele braucht frische, lebensspendende Kraft auf ihrem Reifungsweg, der mit unserem Lebensweg durch unsere schnell-lebige, hektische Welt eins ist.

Von Meister Hilarion gibt es sogar fünf Bücher, in denen seine Schriften wiedergegeben werden, es sind dies die „Bücher des Flammenden Herzens" (Literaturliste). Sinn seiner Botschaften ist es, den Suchenden zur *Selbst-Einweihung und Selbst-Verwirklichung* durch Symbol-Meditationen und Kontemplation zu verhelfen. Hilarion beschreibt den *Flammengeist im Herzen* des Menschen als den höchsten Meister und Führer, der nicht außerhalb von ihm, sondern in ihm ist.

Karl O. Schmidt beschreibt im Band I dieser Bücher einen kurzen Lebensüberblick der Wiederkehr und Wiederverkörperung des Heiligen Hilarion, der 291 in Gaza inkarnierte und das Mönchstum in Palästina begründete. Hilarion lernte in früher Jugend in Alexandrien das Christentum kennen, in jener Hingabe sei er zu einem neuen Menschen geworden. Er lebte eine Weile in der Einsiedelei des Heiligen Antonius und suchte stets die Einsamkeit. Als er mit siebzehn Jahren das Vermögen seiner Eltern erbte, verschenkte er alles an die Armen und zog sich in die Wüste von Majuma zurück, um dort in meditativer Versenkung sein geweihtes Leben zu führen.

Der Heilige Hieronimus beschrieb, wie Hilarion im Streben nach Verinnerlichung seinen Nahrungsbedarf immer mehr einschränkte und im gleichen Maße seine geistigen Kräfte wuchsen. Hilarion floh noch mehrmals vor den Menschen, denn seine Heilungen und Wunder lockten immer wieder Neugierige an, und ähnlich ausgerichtete Mönche wollten in seiner Nähe sein. Er gründete das erste Kloster im Heiligen Land und im folgenden weitere Klöster in Palästina und Syrien. Wieder trieben ihn Anhänger weiter, nach Ägypten, nach Alexandrien, nach Libyen und Sizilien. Auf der Insel Zypern fand er dann in aller Abgeschiedenheit einen stillen Ort zum Eins-Sein mit dem Einen und kehrte achtzigjährig friedvoll wieder in die geistige Welt zurück.

Meister Hilarion erkannte einst, daß sein Name zugleich ein Sinn-Bild war, ein Symbol des in unbewegter, heiterer Gelassenheit strahlenden Flammengeistes. Heute ist er uns

Symbol dafür, daß der Lichtgeist in uns allen aufstrahle, unser Leben und unser Sein erhelle und uns leite zu den Reichen ewigen Lichts. Er lehrt uns, daß das Herz aller Religionen die *Religion des Herzens* ist.

Ich konnte mit Meister Hilarion eine persönliche Erfahrung während eines Segeltörns im Mittelmeer machen. Wir segelten von der türkischen Küste aus Richtung Zypern, und ich war ein bißchen traurig, daß wir durch die politische Trennung von Nord- und Südzypern nicht die Stadt des Weisen Daskalos besuchen konnten. Aber ich wurde anderweitig beschenkt. An der Nordküste, in der Nähe des Hafens, in dem wir vor Anker gehen wollten, las jemand von der Crew den Namen Hilarion vor. Ich schaute mir die Karte selbst an und erkannte, daß es an der Küste eine Burgruine namens Hilarion gäbe.

Wir fuhren mit öffentlichen Verkehrsmitteln ein großes Stück des Weges dorthin und wanderten den restlichen Weg. Wir sahen uns die Reste der Burgruine und der Grundmauern eines Klosters an. Ein Einsiedler namens Hilarion soll vor Jahrhunderten dort in aller Einsamkeit und Zurückgezogenheit gelebt haben. Dieser sehr abgelegene Ort, einige hundert Meter über der Küste, galt seitdem als ein besonderer, gar heiliger Ort. Er war danach Zufluchtsstätte für viele Menschen, die dort ein Kloster führten und Menschen in aller Einfachheit Schutz und Unterstützung boten.

Wir waren an einem schönen, sonnigen Tag aufgebrochen, doch an der Burg Hilarions war es neblig, fast gespenstisch. Manchmal gaben die Wolken die Sicht auf die Küste frei, aber immer nur bruchstückweise. Ich konnte nie die ganze Umgebung auf einmal erkennen. Die Energie in diesen Gemäuern war außergewöhnlich, es fehlen die

Worte, sie wahrhaft zu beschreiben. Für mich persönlich war es ein Ausdruck von Einsamkeit, die ich intensiv und schön fand. Ich wollte allein sein, setzte mich hier und da einfach eine Weile hin – und war still. Still in mir selbst. Zu dieser Zeit war ich mit der Botschaft von Meister Hilarion noch nicht vertraut. Ich wurde es dort. Heute verstehe ich aus meinem Innersten sehr gut, was er meint, was sein Geschenk an die Menschheit und das ganze Universum ist. Ich blieb, solange ich dort sein konnte, um in dieser Energie ganz aufzutanken, mich durchfließen zu lassen, bis jede einzelne Zelle gesättigt war – auch auf der Seelenebene. Mit der letzten Möglichkeit fuhren wir mit dem Bus wieder zum Hafen. Seltsamerweise hatte ich an diesem Abend keinen Hunger und aß nicht mit den anderen der Crew Abendbrot. Ich war innerlich satt und trank an dem Abend nur klares Wasser. Einfachheit, Stille und Kraft waren in mir. Wir blieben leider nur drei Tage an dieser Nordküste Zyperns, doch vor unserem Abreisetag ließen sich einige der Crew noch einmal hochfahren, und wir verweilten den ganzen Nachmittag, jeder für sich, in Hilarions Schwingung. Für mich war es keine Frage, daß Meister Hilarion dort wirkte.

Heute habe ich oft in Erinnerung an Meister Hilarion einen weisen alten Mann im Sinn, mit sehr gütigen, tiefen und Ruhe ausstrahlenden Augen, der auf seine Wahrheit vertraut. Eine unnennbare Sanftheit geht von seinem Herzen aus, und jeder, der ihn anschaut oder ihn in irgendeiner Weise wahrnimmt, wird davon berührt. Er ist ein *Tröster der Seele und sieht der Wahrheit ins Gesicht – ohne Verbitterung und ohne Erwartung, ganz natürlich.* Er ist in der irdischen und in der geistigen Welt gleichermaßen verwurzelt und wertet nicht. Seine Qualität ist die wirklich liebevolle Annahme dessen, was hier und jetzt ist.

In Begleitung von Meister Hilarion fließt unser Lebensstrom ruhig, gelassen und in einer entspannten Wachsamkeit.

Der aufgestiegene Meister Hilarion gilt als Chohan des Fünften Strahles, dem Strahl der Heilung und Wahrheit. Er sagt: „Grünes Licht bedeutet für euch Erdenkinder, daß der Weg frei ist. Wenn ihr die Grüne Flamme herbeiruft, wenn ihr sie in eure Körper lenkt, bahnt sie sich den Weg zur Heilung. Sie ist der Weg, der zur Vollendung eurer Körperformen führt.

Wenn ihr eure Lichtfreunde anruft, euch die Kräfte der Heilung zu senden, so seid überzeugt davon, daß sie es tun. Allein an euch liegt es, wieweit ihr aufnahmebereit dafür seid. Es fehlt noch immer an Durchlässigkeit für die Göttlichen Kräfte. Zu sehr seid ihr noch im irdischen Ich verhaftet, und dieses Ich setzt euch Grenzen.

Die Grüne Flamme bedeutet aber auch Wahrheit, und Wahrheit ist Vollkommenheit.

Im Lichte der Göttlichen Wahrheit erkennt ihr den Sinn eures Dienens. Seid immer bemüht um Wahrheit in eurem eigenen Herzen. Dazu gehört auch die Reinheit eures Beweggrundes. Ihr dient dem Ganzen, wenn ihr als Ziel die Befreiung des Lebens von allen Unvollkommenheiten seht. Euer eigener Fortschritt wird damit gleichfalls beschleunigt, sollte jedoch niemals im Vordergrund eures Bemühens stehen. Darüber muß Klarheit in eurem Bewußtsein herrschen. Der Göttliche Plan eures Lebens duldet keine Seiten- und Umwege mehr, haltet euch frei von allem persönlichen Wollen, denn euer eigenes Ziel kann nur über den Fortschritt des Ganzen erreicht werden. Auch das ist ein wichtiger Aspekt der Wahrheit, den viele Schüler noch nicht erkennen können. Seht das irdische Leben von einer höheren Warte, und die äußeren Dinge treten in den Hintergrund.

Ihr steht im Lichte der Göttlichen Wahrheit – laßt sie in alles fließen, was euer Leben ausmacht. Die Wahrheit ist rein und vollkommen, und wenn ihr sie auf eurem Weg voraussendet, kann nichts Unvollkommenes mehr um euch sein. Das Licht der Wahrheit bringt alles hervor, was gut und schön ist und läßt das Niedere abfallen, *denn es ist nicht wahr!*"[8]

Meditationsimpulse mit Hilarion:

Nach individueller Einstimmung lädt Hilarion ein, über folgende Themen zu meditieren:
- die Kraft der Stille, der Ruhe und des Friedens
- atme Frieden ein und Liebe aus
- visualisiere einen See, dessen Oberfläche so still und ruhig ist, daß Du den Himmel und die Baumkronen darin erkennst – wie oben so unten
- sieh Deinen Lebensweg vor Dir
- wende Dich nach innen und konzentriere Dich auf das Licht, das inmitten der Flamme des Feuers leuchtet – und zwar auf das reine Licht, nicht auf die flackernde Flamme und nicht auf das verzehrende Feuer; nimm das Licht als Symbol des All-Bewußtseins, das über dem gewöhnlichen Bewußtsein liegt
- erkenne den Raum in Dir, in dem Gefühle und Gedanken eins sind
- erkenne die Einheit von Körper, Geist und Seele – und die Bedeutung dieser Einheit in Deinem Alltag
- was ist Wahrheit?

- wiederhole den Namen von Hilarion wie ein Mantra immer und immer wieder, konzentriere Dich nur auf das, was dieser Klang in Dir auslöst
- öffne Dich der Liebe und Weisheit des Meisters Hilarion und lasse die folgenden Zeilen auf Dich wirken:
    Möge die Erde Deine Schmiede sein,
    das Wasser Dein Spiegel,
    möge das Feuer Deine Zuversicht sein
    und die Luft Deine Nahrung
- laß die Affirmation von Hilarion auf Dich wirken: ich bin im richtigen Moment am richtigen Ort und tue das Richtige.

5.5. Serapis Bey

Die Aura-Soma-Quintessenz von Meister Serapis Bey sieht farbig gesehen klar aus und riecht stark würzig bis blumig. Bei den Balance-Ölen steht Klar über Klar. Seine Botschaft bedeutet *Reinigung auf allen Ebenen*, den körperlichen ebenso wie den feinstofflichen, damit wir *unbelastet von Altem neue Schritte auf unserem Lebensweg gehen*. Loslassen von überholten Dingen und Mut zum Neuanfang sind seine Qualitäten. Seine Klarheit lädt ein, klar mit uns selbst zu werden. Es kann manchmal schmerzlich sein, gespeicherte und unverarbeitete Prozesse anzuschauen und sie zu durchleben. Sollte es so sein, daß uns diese Prozesse auf unserem Reifungsweg belasten, dann wird es Zeit, sie zu erkennen, die Erfahrungen zu integrieren und den dann nur noch belastenden Rest wirklich freizulassen.

Philip O. Runge prägt den weisen Satz: „Sowenig wie die Sonne ihre Strahlen zurückhalten kann, wenn der Wind den Himmel von den Wolken gereinigt hat, ebenso wenig kann Gottes Liebe sich zurückhalten, ein menschliches Herz zu erfüllen, welches sich von allen irdischen Gedanken und Bildern zu ihm wendet."

Mit Serapis Bey erfahren wir letztendlich Erleichterung durch die Reinigung. *Seelisch-geistige Reinigungen* beeinflussen unsere Energie im Hier und Jetzt der Gegenwart, sie verstärken unser Energiepotential für diese Stunde, die die wichtigste im Lebensprozeß ist. Jetzt aus der Fülle des Lebens schöpfen. Jetzt die tausend und mehr Möglichkeiten erkennen, die uns jederzeit zu neuem Denken, Fühlen und Handeln einladen, wenn wir uns von der Anschauung lösen, nicht so weiterleben zu müssen, wie bisher.

Ich lernte in meinem persönlichen Leben, darauf zu vertrauen, daß ich gar nichts abgeben kann, wenn ich es für meinen Entwicklungsweg und zur Bewältigung meiner Lebensaufgaben brauche.

Die Klarheit, die uns Serapis Bey schenkt, bringt uns tiefes Verständnis in die Zusammenhänge von Leid und Schmerz. Wenn diese Prozesse in uns verstanden werden, ergibt sich von ganz allein im Sinne des Lebensstromes, daß Wandel, Veränderungen und neue Wachstumsstufen anstehen.

Mir kommt es oft so vor, daß ich durch Serapis Bey aufgefordert bin, einmal von oben bis unten durch meine Energiezentren zu gehen, dabei alles beiseite zu räumen, was den Weg versperrt, bis ich an der Wurzel meiner Kraft bin, und vom Wurzel-Chakra aus mit neuem, frischem Lebenswillen die Arbeit anfange, die als nächstes ansteht.

Serapis Bey führt uns auch mit Mut an einen neuen Anfang heran. Er stärkt uns in allem, *was wir neu anfangen oder noch einmal tun*. Ich benutze bewußt das Wort tun und nicht das Wort versuchen, im Versuchen ist man zwar bemüht, dennoch ist wirkliches Tun kraftvoller.

Serapis Bey unterstützt uns, wenn wir klarer in unserer *Absicht* werden wollen. Es ist wichtig, sich seiner Absicht bewußt zu sein und sie auch auszusprechen, denn konkrete Formulierungen unserer Intentionen sind wie Arbeitsaufträge oder Leitstrahlen für unsere unzähligen *Gedankenheinzelmännchen* und *Gefühlsheinzelfrauchen* in uns. Ich stelle mir bildlich vor, daß unzählige solcher feinstofflicher Arbeiter in uns sind, die bereitwillig etwas tun, wozu sie den konkreten Auftrag bekommen. Sie scheuen sich davor, Anweisungen wie „eigentlich solltet ihr mal...", „vielleicht könntet ihr mal...anfangen" ernst zu nehmen, denn sie wissen, daß solche Arbeiten oft unnütze Arbeiten waren, da noch etwas geändert wurde oder das Ziel und der Zweck noch nicht klar feststand. Je klarer wir unsere Absichten kundgeben, um so klarer werden die Ausführungen ausfallen.

Serapis Bey wirkt auf unsere Besonnenheit in unserer Zielrichtung. Ich finde die Worte *Be-sonnen-heit* und *Zielrichtung* sehr inhaltsvoll. Wenn wir im Kontakt mit unserer inneren Sonne als Kraftquelle sind, können wir in Freude und innerer Balance unsere Energie auf das Ziel richten.

Serapis Bey fördert jeden Neubeginn, wenn wir etwa neue Dimensionen betreten; wenn wir uns durch Loslösen von Ballast Freiräume schaffen, in denen wir neue Energiequalitäten kennenlernen. Nach dem Prinzip der Resonanz laden wir lichtvolle Qualitäten in den geschaffenen Freiraum ein, wenn wir uns von karmischem Ballast gelöst haben. Eine neue Dimension wäre es zum Beispiel, nicht mehr durch die vertrauten Muster von Leid und Schmerz zu lernen, sondern in Schönheit, Leichtigkeit und Freude.

Wir wählen in unserer freien Entscheidung, ob unsere *inneren Juwelen* sich aus unseren schmerzlichen Erfahrungen ergeben oder aus dem Empfinden von Glückseligkeit.

Die Reinigung, Klarheit und Zielrichtung, die uns durch die Schwingung von Serapis Bey begegnet, ist im grobstofflichen Bereich ähnlich der des Bergkristalls. Auch im Kristall erfahren wir die klärenden und reinigenden Kräfte auf alle Lebensthemen bezogen, vom ersten Wurzel-Chakra bis hin zum siebten Kronen-Chakra. Die klare Struktur des Kristalls gibt uns das innere Bild der gesunden Festigkeit und des Halts. Der Kristall erinnert uns daran, eine konkrete Form, eine Struktur oder ein Rückgrat zu haben. Insbesondere will ich hier den Phantomkristall nennen, ein quarzhaltiger Kristall von seiner Grundmasse her, der Besonderheiten in seinem Wachstum derart zeigt, daß in ihm Ebenen – eventuell in Pyramidenform oder anderen kristallinen Formen – zu erkennen sind, in denen sein Wachstum zum Ende kam. Dann, wer weiß, vielleicht nach Jahrhunderten, bekam er den Impuls weiterzuwachsen, bis er wieder stillstand, und so weiter.

Im Phantomkristall sieht man Kristalle im Kristall, etwas ganz Sonderbares. Mir erscheint es als ein Bild des menschlichen Wachstumsprozesses. Auch bei uns kann es geschehen, daß wir eine Zeitlang auf einer Entwicklungsstufe stehenbleiben, warum auch immer. Dann geschieht irgend etwas, und wir fassen den Mut, unseren Weg weiterzugehen, und wir wachsen weiter. Die Phantomkristalle geben uns Aufschluß über unsere ganz persönlichen Wachstumsstufen. Serapis Bey mag uns dabei begleiten, diese für uns stimmigen Wachstumsgesetze zu erkennen, Belastendes loszulassen und mit neuem Mut und Kraft den nächsten Schritt zu tun.

Eine weitere Ähnlichkeit von Meister Serapis Bey besteht zum weißen Pomander, der durch seine weiße bis klare Erscheinung ebenfalls den Bezug zu allen sichtbaren und unsichtbaren Spektralfarben hat. Auch diese Quintessenz wirkt auf alle Farben in uns, oder, im übertragenen Sinne, auf alle Lebensprinzipien. Vicky Wall empfahl Serapis Bey als den Begleiter für die sogenannten *rainbow-warrior*, die Regenbogen-Kämpfer, die friedvollen Krieger.

Ein Mensch, der eine Wegstrecke mit Serapis Bey gegangen ist, hat gelernt, sich klar und konkret einzuschätzen, setzt sich gemäß seinen Fähigkeiten die Ziele und integriert die sich ihm stellenden Sachzwänge sinnvoll. Er weiß, daß er achtsam sein muß, damit er keine sogenannten Stolpersteine übersieht. Stolz, Hochmut oder spirituelle Versnobtheit können solche Stolpersteine auf dem Weg sein. Serapis Bey unterstützt dabei, immer wieder, auch wenn wir einmal gestolpert sind, die innere Balance wiederzuerlangen.

So ist er eine große Hilfe jenen, sich von Ereignissen leicht aus ihrem Konzept bringen lassen. Ohne in Schwierigkeiten hängenzubleiben, ohne nachtragend zu sein, wenn etwas in den ersten Anläufen nicht geklappt hat, gilt es, den roten Faden des eigenen Gewebes wiederaufzunehmen.

Der Name von Meister Serapis Bey beinhaltet für mich die Namen der Seraphim, sie bilden in der Hierarchie der Engel die höchste Stufe, darauf folgen dann die Cherubim. Seraphim wird vom hebräischen *saraph* abgeleitet, was *brennen* bedeutet, *die Feurigen*. Die Seraphim haben jeder drei paar Flügel, die einer Flammenhülle gleichen. So wie sie den unsichtbaren Gott umhüllen, so verdeckt ihr feuriges Flügelkleid den eigenen Leib. Einer feurigen Aura vergleichbar, bilden sie einen Flammenring um die ewige Mitte, sie werden auch die Wächter des Throns Gottes genannt. Dieser Feuerring aus Seraphim ist wie eine letzte Reinigung zu verstehen, nichts wirklich Dunkles durchdringt diese Licht- und Feueraura. Ich will es als Frage offenlassen, inwieweit Meister Serapis Bey und die Seraphim zusammenhängen.

Der aufgestiegene Meister Serapis Bey ist der Chohan des Vierten Strahles und Lenker der Aufstiegsflamme, er sagt: „Alte Traditionen sind immer ein Hemmschuh für den Fortschritt gewesen und halten den Menschen von neuen Erkenntnissen ab. Der Wanderer auf dem Lichtweg hat solche alten Kleider, die ihn beengen, abzulegen und hat – um bei diesem Vergleich zu bleiben – neue, lichte und leichte Gewänder anzulegen, die Sonne und Luft einlassen. Überlebte Anschauungen müssen unbedingt geändert werden. Die Verständigungsbereitschaft der Menschen untereinander wird einen neuen Aufschwung nehmen. Die Ansätze sind sichtbar und werden unter dem Druck der Verhältnisse zur Verwirklichung kommen. Solange dies alles nicht freiwillig aus innerer Bereitschaft geschieht, wird das sogenannte Schicksal dafür sorgen müssen – ein strenger Lehrmeister für die noch Zaudernden.

Durch die Aufstiegskräfte, die ihre Ströme in das Leben ergießen, werdet auch ihr Schüler Mut fassen, nichts soll euer Herz beschweren. Im Vertrauen auf den Sieg des Lichtes entfaltet ihr eure Schwingen, die euch in die reinen Höhen der Liebe und Zuversicht erheben. Von dort aus werdet ihr erkennen, daß alles seinen tiefen Sinn hat und eure Arbeit dazu beiträgt, daß noch gemildert und verhindert werden kann, was sonst auf die Menschheit an Bedrängnissen zukäme. Das Erwachen eurer Lichtkräfte wird euch bereitmachen, mancherlei Hilfen zu geben und dem Licht als Leiter zu dienen."[9]

Meditationsimpulse mit Serapis Bey:

Nach individueller Einstimmung lädt Meister Serapis Bey ein, folgende Themen auf sich wirken zu lassen:
- erkenne den Sinn der Reinigung auf körperlicher und seelisch-geistiger Ebene
- Leben zu lernen heißt, loslassen zu lernen. Welche Wege des Loslassens sind dir vertraut, welche willst Du probieren?
- was bedeutet karmische Absolution für Dich?
- erkenne die Kraft im Neubeginn, in einem neuen Anfang, jedem neuen Morgen, jedem neuem Jahr, jedem neuen Zyklus und so weiter
- was ist gerade jetzt Deine Absicht? Formuliere konkret Deine Absicht für Deinen jetzigen Lebensprozeß oder für Deinen Tag oder eine bestimmte Situation
- schenke Deine Aufmerksamkeit einem Kristall oder gar einem Phantomkristall
- Parallelen zur Reinigungsblüte Crab Apple von Dr. Bach
- finde eine für Dich stimmige Affirmation mit Serapis Bey, zum Beispiel: Ich akzeptiere meine inneren Wachstumsgesetze; ich traue mich, jeden Tag aufs neue meine Potentiale zu leben; ich erfreue mich der Klarheit über meine inneren Prozesse.

5.6. Der Christus

Die Aura-Soma-Quintessenz von Meister Christus kommt als einzige in einer kräftigen Farbe vor, nämlich dunkelrot, und riecht ähnlich dem rubinroten Pomander sehr würzig. Bei den Balance-Ölen steht Klar über Rot. Seine Botschaft ist *die erlösende Liebe*. Durch seine Qualitäten wird hier auf der Erde die Materie als die große Mutter (Materie – mater – Mutter) mit dem großen Geist (die Feinstofflichkeit als Polarität zur grobstofflichen Materie) in Liebe vereint. In dieser *wahrhaften Ver-ein-igung geschieht die Loslösung aus der Dualität* in eine neue Dimension.

Die Liebe in ihrer reinsten Form der Selbstlosigkeit wird durch Christus erfahrbar. In dieser Selbst-los-igkeit wird das Selbst von der Polarität des Irdischen erlöst. Wenn wir diese Form des Selbsterlösens falsch verstehen, reden wir von Opfer, sich aufopfern oder ganz extrem vom Märtyrertum. Ich meide bewußt den Begriff der opferbereiten Liebe, weil sie oft mit anderen Assoziationen verknüpft ist. Es ist für mich stimmiger, die selbstlose Liebe verstehen zu lernen.

Es ergibt für mich tiefen Sinn, daß Meister Christus über den tiefroten Leitstrahl zu uns kommt, er trifft uns genau dort, wo wir so viele verschiedene Facetten unserer falsch verstandenen Liebesqualitäten leben, nämlich in den unterschiedlichen Auffassungen von Mann- und Frau-Sein.

Christus lehrt uns hier die Gleichstellung des männlichen und weiblichen Potentials. Das rote Wurzel-Chakra ist Sitz unserer Sexualität. Im indischen Tantra weiß man, daß man nur in der harmonischen Vereinigung von Shiva, dem männlichen Part, und Shakti, dem weiblichen, zur Erleuchtung kommen kann. Beide Pole sind gleichwertig und ergänzen einander – ebenso wie Frau und Mann, Materie und Geist.

Mit Christus stärken wir im Wurzel-Chakra und über unsere Aura die essentielle Substanz in uns. Wir stärken die Kraft und den Willen, unsere ganz speziellen Lebensaufgaben zu leben. Ganz gleich, was es ist, entscheidend ist es, *wie* wir unsere Liebe in unsere Arbeit einfließen lassen. Ob wir Blumen verkaufen, im Krankenpflegeberuf arbeiten, Bücher schreiben – Christus läßt uns bewußt werden, wie wir im Egoismus schwelgen oder in Selbstlosigkeit dienen.

In dieser wahren Form des Dienens erkenne ich Demut. Ein schwieriger Begriff: Mut zur Demut zu haben, demütig zu sein, sich mit Mut für etwas einzusetzen und sich selbst aus einer Sache herauszunehmen zum Wohle eines größeren Wirkens. Dies erfordert eine vertrauensvolle Rückverbindung zu Gott.

Meister Christus hat mit Jesus Christus etwas gemeinsam, dennoch meint Meister Christus das archetypische Urbild des Christus-Bewußtseins.

Meister Christus ist unabhängig von Jesus und jeder Konfession. Seine selbstlose Liebe ist wie ein Balsam für Menschen, die nach Erlösung von Leid oder was auch immer suchen. Nach meinem Verständnis ist jedem Menschen, gleich welcher Kultur und Religion, etwas mit ins körperliche und geistige Herz geschenkt worden, das ich als *Christus-Bewußtsein* bezeichne. Jedem von uns steht es frei, dieses Bewußtsein der Nächstenliebe verkommen oder wachsen zu lassen. Wenn wir diese erlösende und befreiende Liebe in uns zulassen, begleitet uns Christus als der *stärkste karmische Heiler*; denn wenn es ein Allheilmittel gibt, dann ist das die Liebe.

Die Christus-Energie richtet sich an unsere inneren Führungsqualitäten.

Menschen, die *sich ihres inneren Christus bewußt sind*, sind Menschen mit liebevollen, gütigen Augen. Menschen; die den Blick halten können und nicht wegschauen, wenn man ihnen in der Tiefe der Seele begegnet. Unsere Augen sind die Tore zur Seele. Es gibt Menschen, denen man gerne in die Augen schaut, weil sie die Tore zu einer unschätzbar tiefen Quelle von Kraft und Liebe geöffnet haben und sich ihrer Lebensaufgaben bewußt sind. Es sind Menschen, die selbst in schwerem Leid den Kontakt zur Quelle behalten und dem Glauben an ihre *Er-lös-ung* vertrauen. Sie reden aber nicht viel davon, und prahlen liegt ihnen fern. Sie wirken mehr im Stillen, man erkennt sie an ihren Taten.

Wenn wir die wahrhafte Christus-Liebe in unserem Herzen empfinden, erfahren wir die Verwirklichung des *Ich-bin-Prinzips*. Ich bin Liebe, ich bin Licht, ich bin eine unerschöpfliche Quelle, ich bin...

Meister Christus ist ein Lichtbringer! Es gibt eine Zeit im Jahreszyklus, in der er uns besonders deutlich begegnet, nämlich im Winter, wenn die Dunkelheit in der Außenwelt überwiegt, dann zünden wir oft Kerzen an – als ein Symbol des Lichts, um der Dunkelheit etwas entgegenzusetzen. Im konfessionellen Christentum wimmelt es nur so von Ritualen und Zeremonien, die mit der Geburt von Jesus in der geweihten Nacht einhergehen. Überkonfessionell ist es *die Wiedergeburt des Lichtes und der Liebe in unseren Herzen*. Der grüne Adventskranz oder der Tannenbaum in der Wohnung sind Erinnerungen an das Immerwährende. Christus erinnert an die immer wieder mögliche Geburt des Lichtes in unseren Herzen. Licht ist Information, die in

Verbundenheit mit der schöpferischen Liebe uns den Weg in die *Lösung* weisen wird.

Im Edelsteinreich begegnet uns die Energie des Meister Christus im Kristall, was soviel bedeutet wie Christ-in-Allem. Der Bergkristall ist *der* große Lichtbringer, der in seinem gesamten Farbspektrum uns hilfreich zur Seite steht. Ich erkenne dieses Geschenk aus Mutter Erde und Vater Geist immer klarer und weiß es wertzuschätzen.

Mein erstes Erlebnis, das ich mit der Aura-Soma-Quintessenz von Meister Christus hatte, war ein sehr *herzliches*. Ich hatte vor Jahren einen Vortrag auf einer Edelsteinmesse in Nürnberg zu halten und noch circa eine Stunde Zeit, um zu entspannen. Ich ging auf mein Hotelzimmer und kam auf die Idee, meinen Kristall mit der Christus-Essenz zu reinigen und aufzuladen und dann eine Meditation mit dem Stein zu machen. Ich tat, wie mir in den Sinn kam und hielt dann den Kristall vor mein Herz-Chakra, um mich dort auszubalancieren, beziehungsweise Kraft aufzutanken. Das geschah dann auch, allerdings in einem Ausmaß, dem ich derzeit noch nicht gewachsen bin. Ich bekam sehr starkes Herzklopfen. Die in mir aufkommende Unruhe konnte ich damals noch nicht anders in den Griff bekommen, als die Ängste aufkommen zu lassen, bis ich mir die Telefonnummer des Hotelarztes für alle Fälle besorgte. Durch ausgleichende Bewegungen und geduldigen Mut verging der Zustand nach einigen Minuten wieder.

Heute bin ich mir dessen bewußt, daß ich mich wie der Zauberlehrling verhielt, der Energien freigelegt hatte und mit ihnen noch nicht umgehen konnte. Der schnellere Herzschlag versorgte mich mit mehr Energie, ich nahm sie nicht wirklich ins geistige Herz auf, ich vermute, daß ich eine Botschaft von Meister Christus überhört habe. Es rief mich in meinem damaligen Schulungsprozeß zu mehr Achtsamkeit in der Handhabung mit den Meisteressenzen auf.

Die Meister Christus-Essenz ist sehr energetisierend und ist deshalb eher für den Tagesanfang oder in Situationen geeignet, in denen Energie gebraucht wird. Die Schilderung meines Erlebnisses möge bitte niemanden abhalten, seine eigenen Erfahrungen zu machen. Ich habe von so vielen schönen und lichtvollen Erfahrungen mit der Christus-Quintessenz gehört, wo Menschen in Meditationen über einen Kristall zu Meister Christus geführt wurden und sich auf körperlichen und geistigen Ebenen wundervolle Lösungen ergaben.

Meister Christus hat das Amt des Kosmischen Christus inne, er sagt: „Geliebter Wanderer auf dem Lichtpfad, halte dein Bewußtsein erhoben zum Christus in dir. Auch während deines Alltags sollte dies möglich sein. Du hast vergessen, woher du kamst. Die Quelle deines Lebens ist Licht, ist reine Vollkommenheit. Nun wanderst du zurück zu deinem Ursprung, zur Quelle, die dich aussandte, um Erfahrungen in dieser irdischen Welt zu sammeln.

Es ist hohe Zeit, das Christus-Bewußtsein in den Menschen wieder zu erwecken. All die Wesen, die die Geschicke des Erdenplaneten lenken, haben sich bereitgemacht, den Menschenkindern einen letzten Anstoß zu geben, damit sie nun in diesem Erdenleben ihren Daseinsgrund erfahren. Die vergangenen Jahrhunderte waren angefüllt mit dem Tun derjenigen, die das innere Licht nicht erkannten, die vergessen hatten, daß sie als Christen das Gebot der Liebe erfüllen sollten. So wird erst zu dieser Zeit die Erkenntnis in den strebenden Menschen erwachen, daß das große Gesetz der Liebe zu allem Leben *jetzt* seine Erfüllung finden muß.

Es liegt euren Lehrern sehr daran, daß ihr nun das Gesetz der Liebe in die äußere Form bringt und es nicht nur eurem Nächsten gegenüber anwendet, sondern für das gesamte Leben des Erdenplaneten und besonders für diejenigen, die noch in der Dunkelheit gefangen sind. Noch ist das jetzt zu Ende gehende Zeitalter nicht erfüllt worden, und so laßt es mit eurer Hilfe in seinen letzten Ausläufern doch noch zum Erfolg kommen – zu seinem wahren Sinn und Ziel: die Menschheit vorzubereiten auf die große Ausgießung der Heiligen Lebensessenz, die dem Wassermann-Äon das Gepräge geben wird. Die Liebe ist Vorbedingung, um dieses Ziel zu verwirklichen. Macht es euch zu eurem immerwährenden Vorsatz: *Liebe zu leben*, erst dann kann der Göttliche Plan für jeden einzelnen zum Ausdruck kommen."[10]

Meditationsimpulse mit Christus:

Nach individueller Einstimmung lädt Meister Christus ein, folgende Themen auf sich wirken zu lassen:
- was bedeutet es, bedingungslose Liebe im Alltag zu leben
- was trage *ich* in meinem Herzen, das ich der Menschheit schenken mag – oder der Erde oder.... (schenken bedeutet geben ohne Erwartung einer Gegenleistung)
- wie gebe ich mein Licht weiter
- was bedeutet Selbstlosigkeit
- was ist Er-lös-ung, wie geschieht Erlösung
- grüße in jedem Dir begegnenden Menschen verbal oder wortlos den Christus, zum Beispiel: der Christus in mir grüßt den Christus in Dir, oder: die Christus-Liebe in

mir grüßt die Christus-Liebe in dieser Pflanze, in diesem Tier; eine erweiterte Partnerübung wäre dann nach dem Gruß: ich anerkenne den Christus in Dir, ich vertraue Dir und ich unterstütze Dich.
- meditiere mit einem Kristall
- konzentriere Dich auf das Wort Christus, wiederhole es wie ein Mantra, welche Empfindungen nimmst Du wahr?

5.7. Saint-Germain

Die Aura-Soma-Quintessenz von Meister Saint-Germain ist von hellvioletter Farbe und duftet sehr intensiv nach Veilchen. Bei den Balance-Ölen steht Blaßviolett über Blaßviolett. Seine Botschaft ist die Verwirklichung und die Erhöhung des *Ich bin-Prinzips,* und damit geschieht durch ihn Heilung auf allen Ebenen. Wenn ich aus tiefster Überzeugung und in grenzenlosem Vertrauen sage, daß *ich bin*, dann habe ich die Stadien der dualen Welt überwunden. Im vereinfachten Bild ausgedrückt, bin ich die Mitte der Waage, also der Waagebalken, und ich bin nicht eine der Waagschalen, die im Leben einmal rauf und einmal runter schaukeln. Dann habe ich verstanden, daß es kollektive Geschehnisse und Sachzwänge gibt, die die eine oder andere Waagschale erschweren oder erhöhen, aber ich bin sie nicht.

Saint-Germain hat durch geistige Einsichten und tiefes Verständnis um die Dinge wahre Schlüssel zu höherem Wissen – und allein seine energetische Anwesenheit beeinflußt Geschehnisse positiv – er lehrt uns in aller Klarheit, *was wir wirklich sind* und nicht, was wir alles haben. In manchen Anteilen sind wir auf dem Wege, zu werden, was wir im tiefsten Inneren schon sind. Da unser Vertrauen manchmal unter Schutt und Asche begraben ist und wir uns oft nicht zutrauen, daß wir das schaffen könnten, blieb bisher vieles unentdeckt. Es ist jetzt die Zeit gekommen, daß wir die Energien solcher Meister wahrnehmen und ihre Botschaften entschlüsseln können. Das bedeutet, daß unser innerer Meister als unser Höheres Selbst die Lehren von Saint-Germain versteht.

Saint-Germain gilt als der *Meister der Heiler,* die im Licht und für das Licht arbeiten. Er fördert den spirituellen Aspekt des Seins. So wie der Amethyst im Edelsteinreich als ein Transformator gilt, so ist Saint-Germain ein *vorbildlicher Meister des Denkens und der Kreativität.* Er integriert Neues augenblicklich. Zeit und Raum sind für seine Energiequalität nur Illusionen, es sind nur Hilfsmodelle für uns Menschen, solange wir noch in der Welt der Polaritäten leben.

Saint-Germain steht über der dualen Welt, er ist das Tor, nach dem es keine dualen Anteile mehr gibt. Vergangenheit, Gegenwart und Zukunft sind eins, innen und außen sind eins, oben und unten sind eins.

So hilft Saint-Germain all denen, die in irgendeiner Sichtweise *hängengeblieben* sind. Wenn Menschen zum Beispiel darunter leiden, daß andere leiden oder es so viele Herde des Unglücks und der Kriege gibt. Er lehrt einerseits den Unterschied zwischen Mitgefühl und Mitleid und zum anderen, daß wir nicht das Leid und der Schmerz *sind,* sondern vielmehr in uns selbst die Erlösung sind. Wir können Leid haben, aber wir sind nicht das Leid.

Saint-Germain unterstützt jeden Menschen, der auf der Suche nach höherer Wahrheit ist. So als würde er den inneren Meister in seiner eigenen inneren Bibliothek kundig machen und auf die weisen Bücher und Anleitungen hinweisen, die es zur Veränderung des Verständnisses braucht. Dabei ist er sehr humorvoll und absolut lebensnahe – im Gegensatz zu weltfremd.

Menschen, die mit der Qualität von Saint-Germain vertraut sind, fühlen sich in ihren eigenen vier Wänden – auch im eigenen Körper – gleichermaßen vertraut und zu Hause wie auf einer Reise in ein fernes Land. Letztendlich sind wir im Universum zu Hause. Hat man die Dualität wahrhaft überwunden, gibt es keine Trennungen mehr und nichts, was wir abwehren müßten. Welch ein heilsamer Gedanke.

Da uns die Energien von Meister Saint-Germain am meisten von allen in die innere Balance bringen, ist er *der beruhigendste von allen*. An seinem tiefen Frieden und seiner Glückseligkeit teilzuhaben, läßt uns Suchende jedes Gefühl von innerem Hunger sättigen. Mit seiner Hilfe erfährt man die Wende in schwierigen Lebenssituationen, weil man die Position des inneren Zeugens einnimmt und in entspannter Wachsamkeit den Lauf der Dinge beobachtet.

Saint-Germain ist der große Helfer, wenn unser Lebensstrom *aus der Spur geraten* ist. Ich war schon so oft für seine regulierenden Kräfte in entgleisten Situationen dankbar. Durch seine Weisheit fühlen wir uns wieder an das große Ganze angeschlossen.

Der Aufgestiegene Meister Saint-Germain ist der Chohan des Siebten Strahles, er sagt: „Ihr Kinder des Neuen Zeitalters, ihr seid dem Göttlichen Plan gefolgt, der euch in die Verbindung mit den vorangegangenen Lichtfreunden gebracht hat. Diese eure Freunde im Licht reichen euch die Hand, um euch wiederum zu führen, denn

Wir wissen, ihr könnt das leuchtende Ziel erreichen. Die Nebenwege, die ihr in früheren Zeiten gegangen seid, liegen hinter euch. Ihr lebt in der Gegenwart, heute, in dem Bewußtsein, daß ihr Mitarbeiter seid für das Kommen einer besseren Zeit.

Ihr Freunde Meines Herzens, bleibt standhaft auf diesem Weg. Er enthält alles, was ihr für eure Vollendung jemals braucht – die Partnerschaft mit den Großen Aufgestiegenen Lichtwesen, die seit Äonen die Geschicke des Universums lenken – die Glückseligkeit, die euch zuteil wird, wenn ihr als ein solcher Partner auf der physischen Ebene wirkt.

Ihr habt die Möglichkeit, umzuwandeln und aufzulösen, was noch an alten Erinnerungen im Verborgenen ruht. Euch ist das Werkzeug dafür in die Hand gegeben worden, die umwandelnden, reinigenden Kräfte, deren ihr euch schon so lange bedient. Sie wirken in eurem Leben, reinigen und befreien euch von den Fesseln vergangener Zeiten, und alle Belastungen lösen sich nach und nach. Seid auf der Hut vor den Einflüsterungen eures niederen Selbstes, das sich immer wieder in den Vordergrund rücken möchte."[11]

Meditationsimpulse mit Saint-Germain:

Nach individueller Einstimmung lädt Meister Saint-Germain ein, folgende Themen auf sich wirken zu lassen:
- was ist Heilung, woher kommt sie, was bewirkt sie?
- konzentriere Dich auf das Bild einer Waage, empfinde, wie es ist, eine der Waagschalen zu sein, dann der Waagebalken in der Mitte selbst
- meditiere über Balance und Gleichgewicht

- was bedeutet Dir Rückverbindung und Angeschlossen-Sein an eine höhere Ebene?
- meditiere über Wissen und Weisheit
- erkenne die Dualität in dieser Welt.

5.8. Lady Portia

Die Aura-Soma-Quintessenz von Lady Portia sieht hellgelb bis goldfarben aus und riecht intensiv blumig und frisch. Bei den Balance-Ölen steht Blaßgelb über Blaßpink. Ihre Botschaften liegen in der Aufgabe von Beurteilen und Verurteilen der eigenen Person und anderen gegenüber. Ihre Qualitäten lehren uns *Unterscheidungsvermögen und daraus resultierende Gerechtigkeit.*

Lady Portia lehrt uns, *wertfrei* zu beobachten und den Dingen angemessene Aufmerksamkeit zu schenken. Wenn wir in unserem Gewahrsein in Rechtfertigungen, Gefühlen von schlechtem Gewissen oder gar Schuldgefühlen hängenbleiben, kommen wir nicht weiter. Sie begleitet uns dabei, wenn wir Klarheit in den Beurteilungen zulassen, ohne uns selbst dabei zu richten. Ihr Leitsatz ist: *Richte nicht, auf daß Du nicht gerichtet wirst.*

Ihr liebevolles Mitgefühl, ihre Großzügigkeit und Gnade wirken wie heilsamer Balsam in uns, wenn wir unser Denken, Fühlen und Handeln beurteilen. Ich kenne von mir, daß ich mit mir selbst oft am strengsten bin und übe mich darin, mein eigener Rechtsanwalt zu sein und nicht mein mich anklagender Staatsanwalt.

Lady Portia ist für die Menschen bereit, die sich ständig im Übermaß kritisieren und die nicht achten und wertschätzen, was sie schon erreicht haben. Oft *vergleichen*

Menschen, was sie haben und vergessen dabei für einen Moment, daß Menschen nicht verglichen werden können. Jeder handelt aus seinem Potential an Möglichkeiten in seinem spezifischen Umfeld. In den seltensten Fällen beginnen zwei Menschen eine Sache unter genau gleichen Bedingungen und Vorerfahrungen, so daß überhaupt ein Vergleich möglich wäre.

Es gibt Menschen unter uns, denen sieht man ihre Lebensschleifprozesse nicht an, sie sind innerlich gewachsen und sind reifer als jemand, der vielleicht im Äußerlichen einem Juwel gleicht.

Wem zeigen wir denn etwas vor? Dieser innere Richter sitzt in uns selbst, vor dieser inneren höheren Instanz werden wir wie in einem Spiegel erkennen, wer wir sind, wie wir unsere Taten und Gefühle verantworten. Es ist ein Weg, auf dem wir den Unterschied lernen, was es bedeutet, verantwortlich für sich selbst zu sein oder sich schuldig für etwas zu sprechen.

Wir Menschen beurteilen manchmal Dinge, die für sich allein nicht beurteilbar sind. Wenn wir unsere Sicht erweitern, erkennen wir, daß es zu nichts führt, das linke und das rechte Auge *eines* Gesichtes einzeln zu bewerten. Auch unsere moralischen Be-*wert*-ungen sollten wir immer wieder einmal überprüfen. Der erleuchtete Geist würde über unsere engstirnigen Überlegungen von gut und böse, von moralisch und unmoralisch nur lachen.

Lady Portia lehrt uns, daß Kritik sich aus mehreren Komponenten zusammensetzt. Die Voraussetzungen sind ebenso beachtenswert wie der Ablauf einer Sache oder einer Handlung und nicht nur das Ergebnis. Jeder dieser Anteile verdient Würdigung. Die Dankbarkeit für die Umstände von Lernprozessen bleibt oft auf der Strecke. Eine dankbare innere Haltung läßt uns sofort weniger streng in unseren Bewertungen mit uns selbst sein.

Wenn wir darauf vertrauen, daß alles auf unserem Weg einen Sinn hat, dann wäre herzliche Dankbarkeit für das Geschehen hilfreicher als kopfige Ratschläge, wie man es hätte besser machen können. Gutgemeinte Ratschläge sind auch Schläge, die ohne Feingefühl und Herzlichkeit weh tun.

Lady Portia führt uns in ihrer ganz speziellen weiblichen Art in das Körpergeschehen und lädt uns ein, mehr mit dem Herzen zu beobachten, mehr mit dem Herzen zu unterscheiden, mehr mit dem Herzen zu beurteilen. Im Kontakt mit der Weisheit des Herzens und des Höheren Selbstes und der daraus verknüpften Vernunft werden wir eine gesunde Kritik anwenden und unseren persönlichen Gerechtigkeitssinn schulen.

Lady Portia *lehrt uns Übergänge*. Sie ist mit der Vergangenheit ebenso vertraut wie mit der Gegenwart und der Zukunft. Ihr Ziel ist es, in ihrer mitfühlenden und gnadenvollen Art die Erfahrungen aus der Vergangenheit sinnvoll in das Jetzt zu integrieren.

Die Übergänge, die von der Kindheit über die Pubertät in das Jugendalter und weiter ins Erwachsensein führen, bedürfen der gesunden Kritik, die aus Dankbarkeit, Würdigung, Wertschätzung, Einsichten und Aussichten bestehen.

Es geht Lady Portia um die innere Ausgewogenheit und Balance, um Leichtigkeit und Humor, während wir im karmischen Spiel von Saat und Ernte mitspielen. Sie scheint es dabei mit uns Menschen nicht immer leicht zu haben. Wenn ich meinen Weg anschaue, erkenne ich sehr gut, warum ich Schwierigkeiten hatte, ihre Botschaften zu verstehen. Ich erwähnte im früheren Kapitel meinen ersten Kontakt mit Lady Portia über den akuten Ohrenschmerz, der mich zu Gehorsam und meinen alten Ohrgeschichten führte. Heute erkenne ich, wie empfindsam ich auf Kritiken meiner Eltern und Lehrer und auf Beurteilungen reagierte. Die gute Bewertung der anderen über mich war mir sehr wichtig, und ich hatte Ängste, nie gut genug zu sein.

Je mehr ich mich selbst erkenne, um so mehr achte ich das *Ur-teil* meiner Selbst. Andere Menschen können mir in ihrer zerstörerischen Kritik nur ein Spiegel meiner eigenen Destruktivität sein. Das Wort Ur-teil ist auch ein bemerkenswerter Begriff: ein Teil vom ursprünglichen Ganzen.

Lady Portia begleitet uns, wenn wir lernen, angemessen und höflich uns selbst zu bewerten. Wenn wir unsere Werte wirklich erkennen. Sie steht uns gnadenvoll bei, wenn wir alte seelische Verletzungen mit unserem Bewußtsein aufarbeiten, um uns dann nicht schuldig zu fühlen. Es ist wichtig, daß wir mit ihrer Hilfe den kleinen Unterschied lernen, der zwischen aufbauender und zerstörerischer Kritik liegt.

Unsere Atmung enthält vielerlei Botschaften, nicht umsonst haben Atemtherapien einen so bleibenden Erfolg. Im wechselseitigen Ein- und Ausatmen erleben wir ständig zwei verschiedene Anteile einer Sache. In der Atmung können wir uns auf ganz selbstverständliche Weise der Gleichwertigkeit verschiedener Funktionen bewußt werden.

Meditationsimpulse mit Lady Portia:

Nach individueller Einstimmung lädt Meisterin Lady Portia ein, folgende Themen auf sich wirken zu lassen:
- meditiere über die Bedeutung von Gnade
- was bedeutet Gehorsam für Dich
- welche Wege sind mir vertraut, wenn es nicht nach meinen Vorstellungen geht
- meditiere über das karmische Gesetz von Saat und Ernte
- Affirmation: Ich verstehe die Gesetze des Lebens und ich wachse; ich erkenne meine Verantwortlichkeit ohne meine Handlungsfähigkeit durch Schuldgefühle einzuschränken; ich reinige mein Gewissen von unnötigem Ballast.

5.9. Sanat Kumara

Die Aura-Soma-Quintessenz von Sanat Kumara ist von blaßkoraller Farbe und duftet würzig und erfrischend. Bei den Balance-Ölen steht Blaßpink über Blaßgelb. Sanat Kumara ist eng verbunden mit Lady Venus Kumara, und ihre höchste Liebe gilt dem kosmischen Prinzip: *Wie oben so unten.* Zusammen leiten sie die zwölf Strahlen der Heilung und sind *wie Leitstrahlen für alle Meister.* Sie vereinen alle Qualitäten der einzelnen Meister und unterstützen das Finden desjenigen, der unser Höheres Selbst als unseren persönlichen inneren Meister am besten lehren kann.

Wo immer wir auf verschiedene Ebenen treffen, braucht es für das harmonische Zusammenspiel die Liebe – im archetypischen Bild durch *Venus* symbolisiert. Das venusische Prinzip vereint Polaritäten, führt in Liebe zwei gegensätzliche Dinge zusammen, Schmerz und Freude, Kummer und Leichtigkeit, Schleifprozesse und Wachstum, u.s.w.

Die Liebe von Sanat Kumara und Lady Venus Kumara wirkt übergeordnet auf alle Lebensthemen, die *zu meistern* sind. Sie sind Brücken zwischen verschiedenen Bewußtseinsebenen. Sich in ihrem lichtvollen Leitstrahl zu befinden, ist eine unbeschreiblich starke Kraft, mittels der wir die Geschehnisse aus unserer Vergangenheit und Gegenwart erkennen und integrieren können. Diese Meisterenergien helfen uns, wenn wir bereit sind, aus den Schwierigkeiten, aus Mißbrauchs-Erfahrungen und tiefem Kummer herauszuwachsen – sie als die *Juwelen des Lebens* zu integrieren. Es gibt Juwelen in unserem Leben, durch die sich unsere Seele in Schönheit nährt; und es gibt Juwelen im Leben, durch die wir uns aus Schwierigkeiten und Herausforderungen entwickeln.

Sanat Kumara-Energien geben uns die schmerzlichen Erlebnisse als Schleifprozesse des Lebens zu erkennen, die letztendlich dazu dienen, unser inneres Feuer und innere Schönheit zu zeigen.

Ein Mensch, der mit Sanat Kumara eine Weile das Leben zu meistern gelernt hat, kennt seine Fähigkeiten, Dinge zu erfahren und gegebenenfalls zu bewältigen. Er erkennt, was Masken sind und was Wahrheit ist. Er stellt sich leicht auf veränderte Situationen ein, ohne an seinen Wünschen und Vorstellungen festzuhalten.

Unsere Seele lernt durch Sanat Kumara die liebevolle Verbundenheit von allem. Alles ist eins, nichts kann isoliert stehenbleiben, unsere schmerzlichen Erfahrungen auf unserem Seelenweg sind ebenso wichtig gewesen wie unsere Erlebnisse in Glückseligkeit und Frieden.

Sanat Kumara und Lady Venus Kumara stellen ihre *selbstlose Liebe der Vertiefung von Heilung zur Verfügung*. Sie heilen im großen Maße. Mit ihrer Schwingung erfahre ich persönlich ein tiefes Gefühl von Heimat. Sich in die Energien von ihnen einzuhüllen, ist für mich, wie nach Hause zu kommen. Sie symbolisieren für mich so etwas wie geistige Heimat und unendliche Geborgenheit und Wohlwollen. Ich fühle mich ganz und gar angenommen und eine Fülle von Hilfen und Begleitung stehen mir zur Verfügung. Sie lösen in mir das Gefühl aus, daß ich meine mir gesetzten Arbeiten in Leichtigkeit schaffe, da ich mit der geistigen Quelle in unmittelbarem Kontakt bin.

Meditationsimpulse mit Sanat Kumara:

Nach individueller Einstimmung laden Meister Sanat Kumara und Meisterin Lady Venus Kumara ein, folgende Themen auf sich wirken zu lassen:
- was braucht in Dir Heilung?
- wie vertraut ist Dir die Venus?
- meditiere über Heimat, nach Hause kommen
- lasse es in Dir zu, daß Zusammenhänge Deiner Lebensprozesse deutlich werden, erlaube Überblick über Deine Erfahrungen
- erkenne die Schleifprozesse Deines Lebens
- bitte Sanat Kumara über Dein Höheres Selbst um eine Botschaft
- tauche mit Sanat Kumara in Deine persönliche Tiefe ein
- meditiere über Delphine
- erlaube Fülle, schöpfe aus der geistigen Fülle
- mögliche Affirmationen: Ich lerne und wachse durch

die Schwierigkeiten des Lebens, ich erkenne meine Lebenserfahrungen als meine Juwelen des Herzens an.

5.10. Maha Chohan

Die Aura-Soma-Quintessenz des Maha Chohans ist blaßtürkis und duftet würzig und frisch. Bei den Balance-Ölen steht Blaßtürkis über Blaßtürkis. Seine Botschaft liegt in der *Verbindung zwischen Intellekt und Spiritualität*. Der M.C. lehrt die *Entschlüsselung alter Botschaften zum Heil des Menschen*. Die Kraft seines Wirkens liegt in der Umsetzung der Weisheit in unser reales Denken und Handeln. Da der Weg in die Spiritualität nur im Einklang mit unseren Gefühlen gehen kann, hilft der M.C. *Gefühlsbeziehungen zu sich selbst, zu anderen Menschen und zur Natur* aufzubauen. Ganzheit bezieht sich auf Vernunft und Gefühle.

Maha Chohan bildet die Brücken dort, wo sie gebraucht werden. Bei einem Menschen schult er den Intellekt, bei einem anderen schult er das Gefühl und intensiviert den wirklichen Kontakt zum Wesenskern. Er begleitet uns zum *Herzen des Seins*, denn ohne die Liebe unseres Herzens – des organischen ebenso wie des geistigen – geschieht nichts. Solange wir Geschehnisse abwehren und sie gefühls- und verstandesmäßig nicht integrieren können, sind wir noch auf dem Weg zur Eins-Werdung. Indem der M.C. uns ermunternd begleitet, erfahren wir intensive Verbindung zu unserem inneren Lehrer.

Meister Maha Chohans Qualitäten lassen in uns das Vertrauen wachsen, daß wir zur rechten Zeit den Schlüssel zu den richtigen Türen finden. Den Schlüssel dann anzuwenden, die Tür wirklich zu öffnen und in neue Räume und Dimensionen einzutreten, sind die logischen nächsten Schritte.

Ich kenne durch die Reiki-Entwicklungsgeschichte einen Vorgang, wie ich mir Meister Maha Chohans Arbeit vorstellen kann. Doktor Mikao Usui, der Ende des neunzehnten Jahrhunderts in Japan seine Stellung als Leiter einer christlichen Schule aufgab, um in alten Schriften zu suchen, wie Jesus Christus beziehungsweise Buddha wirklich durch Handauflegen heilten.

Als er nach Jahren in den verschiedensten Ländern die unterschiedlichsten Lehren erforscht hatte, fand er im Sanskrit, den philosophischen und religiösen Lehrtexten des Hinduismus und des Buddhismus, Symbole und Sätze, die die Anleitung für das heilende Handauflegen waren. Nun fehlte ihm noch etwas zur wirklichen Umsetzung des Erlernten. Er beschloß, einundzwanzig Tage zu fasten und zu meditieren, und am letzten Tag dieser Zeit wurde ihm die Vision geschenkt, in der ihm, wie in einer Erleuchtung, die Symbole erklärt und ihre Anwendung gezeigt wurde. Danach hatte er wahrhaft verstanden und war von da an in diese alte Weisheit des Handauflegens und der universellen Energieweitergabe eingeweiht worden.

Gerade diese *Umsetzung* bietet uns Meister Maha Chohan an. Wenn wir uns für seine Botschaft öffnen, erfahren wir in unserem tiefsten Inneren, wie wir unsere in uns vorhandene Weisheit entschlüsselt in unseren Lebensalltag einsetzen können.

Maha Chohan holt uns aus unserer Isolation heraus oder aus unseren Gefühlen der Isolation, des Nicht-eingebunden-Seins in das Ganze. Er lädt ein, sich wieder dem großen Lebensfluß anzuschließen – ähnlich der mutmachenden Einladung eines zögernden Kindes, im Spiel des Lebens mitzuspielen und es mitzugestalten.

Altes und neues Denken läßt er kreativ verschmelzen und ist daher ein wahrhaft großer Meister für Wendezeiten und planetarische Veränderungen. Wir befinden uns jetzt im Übergang zum Wassermann-Zeitalter, und auch für unsere Erde stehen viele gravierende Veränderungen an. Maha Chohan hilft uns hier im Einfinden in Neuerungen und schenkt uns die Schlüssel zu neuen Türen, beziehungsweise führt uns zu noch bestehenden mentalen Widerständen.

Meister Maha Chohan lehrt uns Entschlüsselungen zum Beispiel auch in der Form, daß wir die Bedeutung und den vielschichtigen Inhalt von Symbolen erkennen. Das Wassermann-Zeitalter wird zum Beispiel als das uralte Zeichen der Doppelwelle dargestellt. Sie ist damit ein Ur-Sinnbild des Wassers als Lebensprinzip im irdischen wie im kosmischen Sinne; das Wasser der Urmeere als die Urmutter von allem Leben.

Die Doppelwelle zeigt uns auch das ewige Auf und Ab, im materiellen wie im geistigen Leben – wie oben so unten. Man könnte ebenso vermuten, daß die untere Welle die Menschenweisheit und die obere die Gottesweisheit kennzeichnet. Die untere Welle ist ein Symbol der Geburt in der Materie als der Quelle ewiger Neuwerdung, die obere als Symbol der Wiedergeburt aus dem Geist und als Erwachen zum ewigen Sein.

Die Symbol-Sprache ist eine sehr tiefe Kommunikationsebene, die eine unerschöpfliche Quelle von Weisheiten ist. Ebenso wie Maha Chohan legte Meister Hilarion große Bedeutung in das Verstehen von Zeichen, Signalen und Symbolen, denen wir uns in Meditationen und Kontemplationen hinwenden und widmen können.

Die Meisterenergie des Maha Chohans stärkt das Ananda-Khanda-Zentrum, das Chakra zwischen dem Herz- und dem Kehl-Chakra, näheres dazu steht im Kapitel über den türkisen Pomander. Es unterstützt die Fähigkeit, auf neue, veränderte Art zu kommunizieren, sich über Stimme, Körperausdruck und durch die ausgesandte Herzenergie zu verständigen.

Menschen, die mit dem Maha Chohan einige Schulungen ihres inneren Meisters erfahren haben, sind Menschen, die sehr inspirierend und intuitiv sind. Ihre Kreativität wurzelt in der ewigen Weisheit, und sie wissen diese einzusetzen. Sie bringen sich in Worten und Taten gut zum Ausdruck und verfügen über einen gesunden Bezug zu allem – zum mineralischen, pflanzlichen, tierischen und zum menschlichen Bereich.

Ich hatte 1990 ein persönliches Erlebnis mit Meister Maha Chohan während meines ersten Intensiv-Kurses bei Vicky Wall. Ich erwähnte schon in einem vorigen Kapitel, daß ich während der Seminarstunden Vicky Wall immerzu anschauen mußte, ihre androgyne und sehr liebevolle Ausstrahlung ließ mich nicht los.

Vicky Wall konnte zwar wegen ihrer Blindheit nicht unsere reale Außenwelt wahrnehmen, die wir mit den äußeren Augen sahen, dennoch schaute sie die Auren der Seminarteilnehmer sehr gut. Es kam vor, daß sie in ihrem Unterricht abrupt stoppte und eine aus unserer Gruppe ins Visier nahm und ganz direkt fragte: Hörst Du zu? Wenn man sich dann dabei ertappt fühlte, daß man gerade einmal nicht ihren Ausführungen folgte, sondern sich von einem Gedanken wegtragen ließ oder ein betroffenes, gar trauriges Gefühl aufsteigen ließ, dann nahm sie dies in der Erscheinung der Aura derjenigen Person war und sprach das geradezu an. Wenn man dann leugnete und antwortete: Doch, doch, ich höre zu, dann erwiderte sie kurz: Ich sehe das anders.

Falls jemand sein Abschweifen erklärte, gab sie dem angemessen Raum. Da sie die Aura sah, in der sich Gedanken und Gefühle in Farben zeigten, verfügte sie über eine enorme Kontrolle. Man konnte nichts vor ihr verbergen.

Mir geschah es in einer der Unterrichtsstunden, daß ich starke Gefühle von Betroffenheit und Traurigkeit spürte. Ich konnte mich gar nicht dagegen wehren, ich konnte es vom Verstand her auch nicht erklären, es war etwas für meinen Verstand Unfaßbares. Vicky Wall bemerkte mich und sah mich an. Sie frug mich, was mit mir sei. Ich konnte aber schon nichts mehr mit meiner Stimme antworten, sondern Tränen liefen mir ohne Kontrolle übers Gesicht.

Sie kam näher zu mir, und ich erinnere mich, daß sie an meiner linken Seite stand und ihre rechte Hand auf meine Schulter-Rücken-Partie legte. Mein Weinen schien aus meinem tiefsten Inneren zu kommen. Sie bat Mike Booth, sich an meine rechte Seite zu stellen. Beide legten eine Hand auf meinen Rücken, die andere hielten sie in Höhe meines Herz-Chakras. Sie sangen Vokale, die sie intuitiv von Meister Maha Chohan erhielten.

Mein Verstand war wie ausgeschaltet, mein Weinen hörte auf und dem Gefühl von Traurigkeit stand eine Empfindung von tiefer Ruhe entgegen, die mehr und mehr Raum nahm. Es war keine Verdrängung der Traurigkeit, sondern eher ein Auflösen und ein Ablösen von traurigem Isoliertsein und ein Wiedereinfinden in ein größeres Ganzes.

Mein Gefühl war ein wohltuendes Angenommen-sein, und der Klang der Töne lockte mich in eine erweiterte

Welt. Es ist für mich fast unbeschreiblich, diese dabei empfundenen Gefühle und inneren Bilder in Worte zu fassen. Hier handelt es sich um Erlebnisse in dem Bereich ohne Sprache, zu denen uns die Meisterenergien führen, an denen sie uns teilhaben lassen.

Sie bauen uns die Brücken in diese Welt, sie geben uns die Schlüssel – über die Brücken zu gehen und die Schlüssel zu benutzen, das steht dann in unserer freien Entscheidung. Diese Ruhe, dieser innere Frieden und gleichzeitig die neue Dimension, die ich dadurch betreten habe, weckten in mir den Wunsch nach mehr solcher Erfahrungen. Im Laufe der Jahre, in denen ich mich immer wieder für die Meisterenergien öffnen konnte, habe ich viele solche Erfahrungen machen dürfen. Es ist eine Angeschlossen-Sein an eine geistige Fülle, an eine Qualität der Liebe, von der wir hier auf der Erde nur träumen.

Meister Maha Chohan ist Chohan des Dritten Strahles, er sagt: „In der alles durchdringenden Göttlichen Liebe ist jeder Lebensstrom geborgen, ganz gleich, was auch an Geschehnissen auf ihn zukommt. Diese reine Göttliche Liebe ist Lebensgrund und Ursache, und nichts kann sie schmälern. All das, was dem niederen Selbst an Belastungen und Erlebnissen auferlegt ist, hat es sich selbst geschaffen. Die Göttliche Liebe steht weit darüber, und alle irdischen Geschehnisse sind im großen Plan des Lebensstromes eingewoben.

So eilt der Lebensstrom durch die Inkarnationen, lernend, Fehler ausgleichend, neue Ursachen legend für künftige Verkörperungen, und immer führt und trägt ihn die Göttliche Liebe. – Von diesem erhöhten Standpunkt aus gesehen verblassen alle irdischen Ereignisse."[12]

Meditationsimpulse mit Maha Chohan:

Nach individueller Einstimmung lädt Meister Maha Chohan ein, folgende Themen auf sich wirken zu lassen:
- visualisiere in der Meditation Deinen inneren Meister
- erlaube Bezug zu allen Wesensaspekten in Dir, dann sei im Einklang von Vernunft und Gefühl Dir darüber klar, welchen Du Raum und Zeit gibst
- meditiere über den Wandel zum Wassermann-Zeitalter
- konzentriere Dich auf das Ananda-Khanda-Zentrum und dessen Qualitäten
- finde in Dir für Dich stimmige Affirmationen, zum Beispiel: Ich überlasse mich dem Fluß des Lebens, ich denke, fühle und handele im Einklang mit meinem Höheren Selbst, ich vertraue meiner Intuition und Inspiration.

5.11. Djwal Khul

Die Aura-Soma-Quintessenz von Djwal Khul ist von smaragdgrüner bis kräftig-grüner Farbe und riecht sehr nach Wald, frisch bis würzig. Bei den Balance-Ölen steht Grün über Klar. Die Botschaft des jüngsten Meisters von allen bezieht sich darauf, daß die *einzige Konstante im Leben die Veränderung ist*. Djwal Khul ist der große Sucher, der Suchende nach dem im Lebensgesetz zugrunde liegenden Muster, nach dem Lebenssinn.

Seine Qualität ist die *wirkliche Wahrheitssuche*, er sucht die Wahrheit im Einklang mit seinen Gefühlen und erforscht nicht nur mit seinem Intellekt.

Er weiß, daß in den sich ständig verändernden Prozessen

das Lernen und immer wieder Ausprobieren das allerwichtigste ist – ohne dabei die orientierende Ausrichtung sowie *Freude und Leichtigkeit* zu verlieren. Er ieht die Erde als ein großes Übungsfeld an, was in keiner Weise negativ gemeint ist, sondern in konstruktiver Weise positiv.

In diesen Lern- und Übungsphasen ist es ihm sehr wichtig, das innere Gleichgewicht zu bewahren. Dazu paßt eine Geschichte, die Phyllis Krystall (siehe Buchhinweis) in ihrem Buch erwähnt. Sie hatte eine Vision, ähnlich eines Traumes, in der sie auf einem Seil balancierte und bemüht war, ihr Gleichgewicht zu halten. Sie sah schwarze Vögel auf sie zufliegen, und im Abwehren dieser verlor sie ihr Gleichgewicht.

Sie versuchte es wieder, balancierte wieder auf dem Seil und wurde von weißen Vögeln umschwärmt. Diesmal wollte sie die schönen Vögel berühren und geriet erneut aus dem Gleichgewicht. Fazit ist, daß uns Wünsche und Vorstellungen von etwas Schönem ebenso aus der inneren Balance bringen wie das, was wir nicht wollen und abwehren.

Djwal Khul lehrt uns über unseren inneren Meister, in der Suche gleichermaßen in der Außenwelt orientiert zu sein wie in unserem Inneren. Es gilt, die *Orientierung* weder zu sehr in die Außenwelt, zum Beispiel in die Welt der wissensdurchtränkten Bücher, zu verlagern, noch zu sehr in die tiefsten Kraft- und Weisheitsquellen in unserem Inneren.

Sich den Meisterenergien von Djwal Khul zu öffnen, bedeutet auch, der *Natur als der großen Lehrmeisterin der Erde* zu begegnen. Seine grüne Farbe *er-innert* an das Grün der Natur, an die Naturzyklen mit ihrer Regelmäßigkeit, ihrer Standhaftigkeit, ihrer Regenerationsfähigkeit, ihrer Vielfalt und dem Komplex von Schöpfung und Zerstörung.

Meister Djwal Khul fördert unser Verständnis für die unterschiedlichen Verknüpfungen in der Natur. Er fordert und fördert damit unsere Erkenntnis über das Zusammenspiel von Mineralien und Pflanzen, von Pflanzen und Tieren, von Tieren und Menschen, von Menschen und der Erde, von der Erde und dem Universum.

Gurdjieff sah die Menschen vergleichsweise wie Spielzeug im Universum und erklärte irdische Geschehnisse durch galaktische Geschehnisse initiiert, in denen die unbewußten Menschen nur Marionetten wären.

Die persönliche Meisterschaft eines jedes einzelnen liegt darin, das Bewußtsein zu erweitern und seine Schöpfungsenergie dazu zu verwenden, sich kreativ als Mensch zu erkennen und zu verändern, ohne sich anzumaßen, die Welt zu verbessern, das heißt, sein reales Betätigungsfeld und seinen Einflußbereich zu akzeptieren.

Meister Djwal Khul ist sich dessen bewußt, wie stark die *Kraft der Gemeinschaft* ist. Gleichgerichtete Interessen und Absichten wirken in die gleiche Richtung – solches Wirken schafft letztendlich unsere *Wirk*lichkeit.

Wenn wir Menschen mit Schrecken und Kummer feststellen, wie sehr wir die Natur vergiftet haben und wie uns jetzt die Natur vergiftet, wie groß der Schaden des Ozon-Loches in der Erdatmosphäre ist, wie stark die Flüsse und Ozeane belastet sind und so weiter, dann lehrt uns gerade Meister Djwal Khul, nicht in dem Kummer und der Angst vor der Zukunft steckenzubleiben, sondern aus der Erkenntnis zu lernen. Wir haben dieses Chaos mitgestaltet; Achtsamkeit ab jetzt und Verantwortungsgefühl reichen zur Umkehr nicht mehr aus. Welche Gesetze liegen diesem Chaos zugrunde? Welches gemeinschaftliche Wirken braucht das veränderte Bewußtsein eines jeden einzelnen?

Eine heranwachsende spirituelle Kultur kann nur aus einzelnen, reifen Menschenseelen entstehen, grundlegende Einsichten in das Wesen des Lebens kann jeder von uns in sich selbst ergründen.

Eine besondere Qualität von Meister Djwal Khul ist es, *neue Räume zu erlauben*. Neue Räume in geistigen und irdischen Dimensionen. So wirkt er zum Beispiel wie ein heilsamer Balsam bei Ängsten. Die grüne Farbenergie mit der Information von Djwal Khul schafft Raum, öffnet und wirkt Engpässen entgegen. Er unterstützt jede Seele darin, das Herz für die Dinge zu öffnen, wie sie hier auf Erden sind. Dabei ist er ein sehr liebevoller Wahrheitssucher, ohne Dinge zu verschönen oder etwas zu verbergen.

Besonders liebevoll ist er mit den Menschenseelen, die sich hier auf dieser Erde nicht heimisch fühlen, ich meine damit Inkarnationen, die ihre *geistige Heimat in anderen Sternenwelten* erlebt haben und eventuell hier auf Erden das erste Mal inkarnieren. Solche Seelen fühlen sich hier oft nicht angenommen und unverstanden. Gerade diese Menschen brauchen die Nähe und Unterstützung von Meister Djwal Khul, er hilft zu bodenständigen Sichtweisen auch für Außerirdische, die jetzt hier eine irdische Bestimmung haben und nach dem Lebenssinn suchen.

Djwal Khul fördert das universelle Verständnis der Gestirne untereinander. Die kosmischen Gesetze zu erforschen, bereitet ihm Freude, und damit infiziert er jeden astrologisch Interessierten. Seine Forschungen gehen über die Erde hinaus. Er ist ein Erforscher des gesamten Universums. Er bringt uns in Kontakt mit dem *Raum im Raum*.

Meditationsimpulse mit Djwal Khul:

Nach individueller Einstimmung lädt Meister Djwal Khul ein, folgende Themen auf sich wirken zu lassen:
- meditiere über den Lebenssinn
- konzentriere Dich auf die Zyklen von Geburt – Leben – Tod – Geburt
- für Meditationen in die Sternenwelt, zu astrologisch wichtigen Zeitpunkten besonderer Konstellationen
- meditiere über den Begriff Heimat
- die Erde ist ein Teil des Universums, ein Teil der Galaxis, wo bist Du?
- finde mit der Energie von Djwal Khul eine für Dich stimmige Affirmation, wie zum Beispiel: Es ist mir eine Freude, in mir selbst ruhend die Gesetze des Kosmos zu erkennen; ich bin in innerem Gleichgewicht, wach und klar im Erkennen der äußeren Geschehnisse.

5.12. Orion und Angelika

Die Aura-Soma-Quintessenz von Orion und Angelika ist hellrosa und duftet blumig bis zitronig. Bei den Balance-Ölen steht Blaßblau über Blaßpink. Ihre Botschaften beziehen sich auf den *geistigen Schutz während Reisen in die inneren und äußeren Welten und in allen Wandlungsphasen.* Mit den Meisterenergien von Orion und Angelika wächst das Vertrauen, zur richtigen Zeit am richtigen Ort zu sein. Mit ihrer Hilfe überwinden wir den Übergang zwischen den Zeitzonen, zum Beispiel bei langen Flugreisen.

Die kleine Anekdote paßt hier zur Erläuterung, in der ein Araber mit seinem schnellsten Pferd eine große Wegstrecke voller Kraft zurücklegte und sich dann am Zielort angekommen ganz still in eine Ecke setzte und wartete. Auf die Frage, warum er dies tue, antwortete er, daß er auf das Ankommen seiner Seele wartete, die langsamer reisen würde.

Die Qualität von Orion und Angelika hilft uns, uns *ganz und vollständig* zu fühlen, sie verleihen geistigen Schutz und Geborgenheit, bis wir ganz und gar mit allen Wesensanteilen von uns irgendwo angekommen sind. Manche Menschen brauchen länger als andere, sich in einem neuen Land oder Urlaubsort *zu Hause* zu fühlen.

Ein Mensch, der die Weisheit von Orion und Angelika integriert hat, fühlt sich überall hier auf Erden zu Hause und hat keine großen Schwierigkeiten, sich in einem fremden Land wohlzufühlen. Dort, wo er seinen Kopf hinlegt, ist er daheim. Es sind Menschen, die gerne reisen.

Orion und Angelika schenken uns ihr Geleit nicht nur auf äußeren Reisen, sondern auch auf *Reisen in die Innenwelt*, auf Phantasiereisen in die Bilderwelt unserer Seele. Wenn wir auf solchen inneren Reisen Neues in uns auskundschaften, unterstützen uns Orion und Angelika, diese neuen Erfahrungen in unser Leben einzubetten. Sie unterstützen insbesondere Veränderungen und Wachstumsprozesse in unserer Spiritualität. Die beiden Meister bauen Brücken zwischen Materie und Geist.

Unser ganzes Leben können wir als eine *Seelenwanderung* sehen, als eine Reise der Seele auf dieser Erde, in der es immer wieder neue Umstände und Gegebenheiten zu integrieren gilt. Stationen auf diesem Lebensweg sind zum Beispiel auch die Pubertät, das Klimakterium oder Krisen, die dem Schutz und der Geborgenheit von Orion und Angelika bedürfen.

In schwierigen Phasen, in denen Kindheitserfahrungen aufgearbeitet werden müssen, sind wir auch oft nicht vollständig im Hier und Jetzt, sondern benötigen eine Menge Energie, solche Erfahrungen zu verarbeiten und loszulassen. In der *Arbeit mit dem inneren Kind* sind die Meisterenergien von großer Hilfe, überhaupt ist es eine Energiequalität, die besonders Kindern in ihrem oft schnellen Wechsel von Welten wohltut. Sie schenken Geborgenheit und das Gefühl geistiger Sicherheit.

Gerade Meisterin Angelika sammelt Unreinheiten aus dem Irdischen und löst sie auf. Als Unreinheiten können auch nicht verarbeitete Kindheitserlebnisse oder schwere Krankheiten im Kindesalter gesehen werden. Es wirkt hilfreich, sich in solchen Entwicklungsstationen begleitet zu fühlen.

Wichtige Schritte im Leben werden von Menschen und Lichtwesen überwacht, und sie zeigen uns ihre Unterstützung, bis wir ganz und vollständig alleine voranschreiten.

Menschen mit übergroßem Schutz- und Sicherheitsbedürfnis können mit den Meisterenergien von Orion und Angelika erkennen, was ihr Vertrauen erschüttert hat, warum sie nicht mehr daran glauben, zu jeder Zeit mit Licht, Kraft und Liebe versorgt zu sein.

Manche brauchen allerdings soviel Sicherheit, daß sie damit ihre Freiheit aufgeben. Unser System von Versicherungen und Garantien ist bei genauerer Betrachtung ein Witz. Wie können wir unser Leben versichern? In dem Wunsch nach Sicherheit rutschen wir meistens in ein Netz von Abhängigkeiten und Co-Abhängigkeiten, aus dem heraus oft ein Angebundensein und alles andere als freie Entscheidung folgt. Irgendwann haben wir dann die Wahl zwischen Sicherheit und Freiheit. Es mag auch neue Einsichten geben, wenn wir mit Orion und Angelika den Begriff *Risiko* auf uns wirken lassen. Was riskiere ich in dieser Lebensphase oder in einer speziellen Angelegenheit? Riskiere ich lieber meine Sicherheit oder meine Freiheit? Wirklichen Schutz gibt nur rechtzeitiges Handeln und rechtes Verhalten, in diesem Lernen begleiten uns die beiden Meister.

Eine besondere Qualität von Meister Orion und Meisterin Angelika ist es, die *männlichen und weiblichen Anteile* von Schutz und Geborgenheit zu erfahren und Einseitigkeiten in Mann- und Frau-Rollen auszubalancieren. Sie sind dabei mutmachende Verkünder einer neuen Morgenröte und damit neuer Sichtweisen.

Wenn wir neuen Gelegenheiten und Herausforderungen begegnen, dann kommt es schon einmal vor, daß wir über unsere eigentlichen Grenzen gehen und unsere innere Balance verlassen.

Meister Orion ist der Elohim des Dritten Strahles (Zwillingsstrahl ist Meisterin Angelika), er sagt: „Ich bringe jedem einzelnen von euch die Fülle der Rosa-Flamme als die einschmelzende, auflösende geistige Alchemie, die jede Unvollkommenheit aus eurer Erinnerung und Gefühlswelt beseitigt und euren Ätherkörper klärt.

Der Mensch weiß nicht, was er mit sich herumträgt und wie tief es in seinem Unterbewußtsein, wie ihr sagt, vergraben ist. In diesem Bereich sind die Erinnerungen an jede Erfahrung aus allen Verkörperungen eingraviert, vom ersten Tage an, da euer Lebensstrom aus der Gnade fiel, bis zum Gegenwärtigen Augenblick. Der Göttliche Plan bringt bestimmte Lebensströme immer wieder zusammen, solange sie noch unaufgelöste Erinnerungen in sich tragen.

Gerade jetzt sind abermals die Lebensströme, mit denen ihr noch nicht in vollkommenem Einklang seid, zu euch hingeführt. Stellt nun bewußt das Bild der Vollkommenheit jedes dieser Menschen vor euer geistiges Auge. Laßt mich euch dazu die Kraft Meines Fühlens geben, Mein Gefühl bedingungslos liebender Vergebung gegenüber solchen Lebensströmen. Wenn ihr das annehmt, wird es euch freischneiden von jedem Rückschlag der Energien eurer vergangenen Fehler. – So gibt die Göttliche Gnade jedem Menschen stets neue Gelegenheit, alles in Ordnung zu bringen."[13]

Meditationsimpulse mit Orion und Angelika:

Nach individueller Einstimmung laden Meister Orion und Meisterin Angelika ein, folgende Themen auf sich wirken zu lassen:
- Deine Vorstellungen von Schutz und Geborgenheit
- konzentriere Dich auf Deine Reisen in der äußeren Welt und in Deine inneren Welten
- wie stellst Du Dir Begleitung vor?
- meditiere über Sicherheit und Freiheit
- begegne Deinem inneren Kind
- finde für Dich stimmige Affirmationen, zum Beispiel: Ich gelange ins Hier und Jetzt – und Veränderung geschieht; ich reise mit Mut und Vertrauen von einer Lebensstation zur nächsten; ich bin jederzeit und jederorts in mir zu Hause.

5.13. Pallas Athene und Aeolus

Die Aura-Soma-Quintessenz von Meisterin Pallas Athene und Meister Aeolus ist rosenpink, beziehungsweise pfirsichrosa und duftet blumig bis süß, dabei sehr frisch. Bei den Balance-Ölen steht Blaßpink über Blaßblau. Ihre Botschaften liegen *im Aufgeben der vergangenen Muster und in der Öffnung für das Schöne und das Edle* in allen Dingen. Sie verbinden Himmel und Erde und bringen so Spiritualität und Alltag in harmonischen Einklang.

Besonders intensivieren sie *die Tiefe in allem*. In ihrer Begleitung nehmen wir die *Symbolik aus Träumen* intensiv wahr. Pallas Athene und Aeolus unterstützen jede Auswertung aus den symbolhaltigen Träumen, ob es nun Träume des Unbewußten im Schlaf sind oder auch Wachträume. Die Impulse, die uns unser Inneres durch Träume mitteilt, können uns große Hilfen sein. Sie unterstützen, das man sich Träume besser merken kann, um sie mit Gefühl und Vernunft auszuwerten. In immer wiederkehrenden Angstträumen kann man lernen, bewußt mitzugestalten und Rahmenbedingungen und somit Chancen mitzuformen.

Mit ihren meisterlichen Energien erkennen wir die *Schönheit im alltäglichen Geschehen* intensiver und stärken unsere Wertschätzung auch für die kleinen Details, die sich uns in unendlicher Zahl anbieten.

Der Sonnenstrahl, der jetzt gerade ein Blatt beleuchtet; die Regentropfen, die eine Blüte benetzen; die glitzernden Schneekristalle; eine liebevolle Geste eines Mitmenschen und so weiter.

Pallas Athene und Aeolus schulen unsere Aufmerksamkeit für das Edle und Schöne, die unsere Seelen nähren. Unsere Seele ernährt sich von dem Klang einer Herzstimme ebenso wie dem Bild einer erblühenden Blume. Sie kennt die Bedeutung und die Symbolik der Dinge – auch ohne Worte.

Das Materielle ist *eine* Form, wie sich das Göttliche ausdrückt. Wohlstand und rechte Lebensführung in materieller Sicht ist für manche von uns eine große Herausforderung. Die Gefahr liegt darin, in den Sog des materiellen Konsums hineingezogen zu werden und das Haben-wollen von dem in Frieden-sein nicht mehr zu unterscheiden. Falsch verstanden wäre es, wenn wir im Materiellen hängenblieben und unsere Spiritualität vernachlässigten.

Die Meister Pallas Athene und Aeolus begleiten uns in genau diesen Lernprozessen, die Wertschätzung für den edlen Wohlstand und das Schöne zu erkennen, ohne darin hängenzubleiben. Sie öffnen uns auch für die *Fülle*. Wir Menschen müssen hier auf Erden – und auch in unserem Körper – erst einmal unsere Grenzen erfahren, um darüber hinaus zu erkennen, daß es auch eine Grenzenlosigkeit gibt. Wer in der Wüste im Durst den Geschmack des Wassers kennengelernt hat, der wird sich daran erinnern und dankbar das Wasser in der Fülle und im Überfluß genießen können.

Unser Lebensstrom wird durch ihre Energiequalität enorm erhöht, ein Los-lassen von alten Dingen geschieht auf leichte, ganz selbstverständliche Weise. Ein heilsamer Durchfluß schwemmt alles überflüssige weiter.

In dieser Meister-Quintessenz finden wir, wie in mehreren anderen auch, die harmonische Verbindung einer Meisterin und eines Meisters. Diese Kombination unterstützt ebenfalls unser inneres Ausbalanciert-Sein der männlichen und weiblichen Anteile in uns. Oder die Dankbarkeit und das Glücksempfinden, gerade jetzt Mann oder Frau zu sein, und genau die Erfahrungen zu machen, die der Seelenreifung jetzt wichtig sind.

Pallas Athene und Aeolus sind eng verknüpft mit der griechischen und römischen Götterwelt. Pallas Athene war in der altgriechischen Mythologie die Göttin der Weisheit und den zwölf Olympiern zugehörig. Die Griechen sagen, sie sei dem Haupte Zeus entsprungen. Die Ägypter dagegen sagen, Athene bedeute soviel wie: *Ich stamme aus mir selbst*. Sie wurde als Muttergöttin und als heilige Jungfrau verehrt. Diese Götterbilder sind im Sinne von archetypischen Bilder zu verstehen, sie sind ähnlich wie in der Traumdeutung symbolisch gemeint.

Archetypen sind in der Psychologie C.G. Jungs ein sogenanntes *Ur-bild* im kollektiven Unbewußten, zu denen jede Seele Zugang hat. Auch ohne Worte hat jeder von uns einige Bilder im Sinne, wenn er von der Göttin der Weisheit hört.

Mit diesen Meister-Quintessenzen erkennen wir die archetypischen Bilder unserer eigenen Seele. Welche Urbilder, welche Rolle, welchen Aspekt will unsere Seele diesmal erfahren? Wir Menschen bedürfen solange der Vorbilder, Idole und Anleitungen, bis wir unser wahres Selbst verwirklicht haben; bis wir unser Höheres Selbst und unseren inneren Meister nicht mehr um Botschaften fragen, sondern eins mit ihm sind. Noch ist es so auf Erden, daß wir oft andere imitieren, sofern wir die Wahl zur freien Entscheidung haben.

Menschen, die die Botschaften von Pallas Athene und Aeolus verstanden haben und leben, sind Menschen, die Zugang zu altem Wissen haben und dies sinnvoll zu ihrem Wohl und der Gesundheit der ganzen Menschheit einsetzen. Sie empfinden eine tiefe Wertschätzung für ihre gemachten Erfahrungen, ohne sich darin zu verstricken, weder in einem schmerzlichen Erlebnis noch in ihrem Wohlstand. Sie sind auch nicht abgehoben von der Realität.

Meditationsimpulse mit Pallas Athene und Aeolus:

Nach individueller Einstimmung laden Meisterin Pallas Athene und Meister Aeolus ein, folgende Themen auf sich wirken zu lassen:
− meditiere über Schönheit, Edles
− erlaubst Du Fülle, nimmst Du sie an?
− was ist für Dich edler Wohlstand?
− was bedeuten Dir Träume?
− finde für Dich stimmige Affirmationen, wie zum Beispiel: Ich lasse los und vertraue; ich erkenne die Bedeutung meiner Träume, auch mit meiner großen Vergangenheit lebe ich im Hier und Jetzt.

5.14. Lao-Tse und Kwan-Yin

Die Aura-Soma-Quintessenz von Lao-Tse und Kwan-Yin ist blaßorange und riecht herrlich würzig nach Orangen. Bei den Balance-Ölen steht Blau über Klar. Ihre Botschaften sind in Verbindung mit *tiefer Weisheit, innerem beständigem Frieden und liebevollem Mitgefühl für alles Erschaffene*. Sie bringen uns Informationen aus vergangenen Zeiten, deren Gültigkeit immer besteht − das heißt, sie bringen uns das *immerwährende,* nie verlöschende Licht. Ihre energetische Qualität ist es, solchen Frieden und Liebe in uns zu finden, damit man alles gelassen akzeptieren kann, womit uns das Leben konfrontiert.

Sie beleben in uns das grenzenlose Vertrauen, daß das Licht in unserem innersten Tempel immerwährt und unzerstörbar ist. Angstfrei, ohne Sorgen und Schüchternheit begleiten sie uns, wenn wir uns ihnen öffnen.

Mit Lao-Tse und Kwan-Yin wird das *Innen und das Außen eins*, die Kraft wirkt liebevoll durch alles hindurch – Vergangenheit, Gegenwart und Zukunft sind letztendlich eins. Sie lehren uns nach unseren erfahrenen Begrenzungen der dualen irdischen Welt die wahrhafte Grenzenlosigkeit. Der Wunsch, irgendwo zu sein, ist gleichzeitig die Ankunft an jenem Ort. Das ist das Ziel.

Der Name der Meisterin Kwan-Yin, manchmal auch Kuan Yin geschrieben, stammt aus dem Chinesischen, dort wird sie als die Große Mutter angesehen. Sie verkörpert im Irdischen und Geistigen das weibliche Yin-Prinzip und galt als Die-Kinder-Bringende. Kwan-Yin sann immerzu über das goldene Gefäß ihres eigenen Schoßes nach, dem die gesamte Welt entsprang, während der Himmelsvater als ihr Gemahl in ihr wohnte – so wie das Juwel im Lotos der indischen Mythologie. Dort ist Kwan-Yin ein Bodhisattva, eine Erlösergestalt aus dem höheren Reich, die aus Mitgefühl in die Region der Menschen herabgestiegen ist. Sie gilt als die weibliche Form des Bodhisattvas Avalokiteshvara, des Höchste-Weisheit-Erkennenden. Meisterin Kwan-Yin repräsentiert das Prinzip der Karuna, der grenzenlosen Liebe. Sie lehrt uns Milde und Barmherzigkeit.

Der Name von Meister Lao Tsu – auch Lao Tse – stammt von dem chinesischen Weisen, der fünfhundert Jahre vor unserer christlichen Zeitrechnung lebte und der Begründer des Taoismus war. Er ist der Autor des klassischen chinesischen Weisheitsbuches, des Tao-te-King.

Ein Zitat von Konfuzius beschreibt Lao Tsus Genialität, als er diesen traf: „Vom Vogel weiß ich, daß er fliegen kann, vom Fisch, daß er schwimmen kann, von den Vierfüßlern, daß sie laufen können. Aber wie der Drache sich auf Wind und Wolken gen Himmel schwingt, das übersteigt mein Wissen. Heute habe ich Lao Tsu gesehen. Es ist wie ein Drache!" [14]

Lao Tsu war ein Meister der Alchemie, jetzt begleitet er die Transformation und Transmutation von Energien im Neuen Zeitalter.

Menschen, die diese Meisterenergien integriert haben, sind Menschen mit einer kraftvollen Ausstrahlung, manche sprechen gar von Menschen mit einem Charisma. Charisma ist eine Bezeichnung für eine Ausstrahlung wohltätiger Art, einer bannenden Kraft, die Macht über Mitmenschen verleiht. Auch ohne Worte beeinflussen sie allein durch ihre Gegenwart. Ihr Vertrauen in ihre Licht- und Kraftquellen ist unerschütterlich, ihre Liebe wirklich selbstlos. Sie haben in allen Dingen des Lebens ein gesundes Maß gefunden. Oft sind es Menschen, die schon viele schwierige Lebenssituationen gemeistert haben.

Lao Tsu und Kwan-Yin unterstützen uns in *tiefen Lösungs-Prozessen*. Im Freilassen alter Geschichten, damit die Nebel, die unsere Sicht trüben oder die Stürme des Lebens, die an unseren Wurzeln rütteln, uns nichts anhaben können. Solche Herausforderungen sind dann als Kontrolle zu sehen, damit wir gegebenenfalls etwas in uns korrigieren können.

Diese Meister-Quintessenz hilft dadurch begleitend in allen Therapieformen, in denen Altes aufgewühlt wird.

Durch Lao Tsu und Kwan-Yin lernen wir, was *Echtheit und Authentizität* ist; sich nicht mehr zu verstellen oder irgend jemanden zu imitieren, sondern seinem Selbst so tief zu vertrauen, daß sich jeder Zweifel auflöst.

Wieder kommt die Ausgewogenheit von männlichen und weiblichen Qualitäten durch die beiden Meisterenergien zum Vorschein. Sie führen in das wahre Eins-Sein.

Unser Lebensstrom fließt unter dem Einfluß von Meister Lao Tsu und Meisterin Kwan-Yin geduldig und kraftvoll. Dieses Eins-Sein, das sie verströmen, löst Gefühle der echten Freude und des Glücks aus. Wir fließen im großen Lebensstrom des Universums.

Meditationsimpulse mit Lao Tsu und Kwan-Yin:

Nach individueller Einstimmung laden Meister Lao Tsu und Meisterin Kwan-Yin ein, über folgende Themen zu meditieren:
- konzentriere Dich auf Deine Atmung, Ein- und Ausatmung, Austausch von innen und außen
- ergründe den Sitz und die Tiefe Deines Vertrauens
- meditiere über die Wurzeln Deiner innewohnenden Weisheit
- verströme die Liebe, Barmherzigkeit und den Frieden Deines Herzens in Deinen Körper und Deine Aura, stelle Dir vor, wie sie über deine irdischen und geistigen Wurzeln mit allem in Verbindung stehen
- meditiere über die Einheit von Erdenmutter und Himmelsvater
- finde für Dich stimmige Affirmationen, wie zum Beispiel: Ich befreie mich von allen Begrenzungen; ich vertraue meiner inneren Weisheit.

5.15. Ihre Anwendung

Die Meisterung der wahren Macht bedeutet,
die Nacktheit vor dem unendlichen Licht zu meistern.
Botschaft der Sternenbrüder

In Kapitel 4.15, der Anwendung der Aura-Soma-Pomander, habe ich ausführlich beschrieben, wie man einen Pomander auswählt und wie man ihn anwendet und in die persönliche Aura bringt. Ähnliches gilt für die Aura-Soma-Quintessenzen, so daß ich hier die Einzelheiten nicht neu aufzähle.

Bei der Auswahl einer Meisteressenz halte ich die intuitive Wahl ebenfalls für die wichtigste. Je mehr wir auf unsere innere Stimme des Höheren Selbstes hören lernen, um so klarer werden wir die Antworten verstehen. Es mag auch sein, daß der Name eines Meisters in einem Traum oder als ein Signal im alltäglichen Leben immer wieder erscheint. Wir sollten uns bei allen Anwendungen immer wieder klar darüber sein, daß *wir* uns der Meisterenergie öffnen. Diese heilsamen Informationen durchstrahlen unsere Erdenschwingung; wir sind es, die die *Feineinstellung des Empfangsgerätes* vornehmen müssen.

Anstatt die Flüssigkeit aus dem Quintessenz-Fläschchen nur in die Hand zu geben, sollte man sie auf den Puls des Handgelenks tropfen. Verreiben und in die Aura fächeln lassen sie sich ähnlich wie die Pomander. Wir erleben dann den Kontakt mit ausgewählten Farben und Duftstoffen *und* der Botschaft eines Meisters, einer Meisterin oder einer Kombination von beiden Qualitäten.

Ich rate vor dem Kontakt mit Meisteressenzen oft zu Erfahrungen mit Pomandern. Sie tragen eine wesentlich höhere energetische Schwingung und laden ein, andere Sphären zu betreten. Während bei den Pomandern mehr die schützende Qualität geschenkt wird, geht es bei den Meistern weit darüber hinaus.

Die Aura-Soma-Meisteressenzen sind für meinen persönlichen und Praxis-Alltag eine unschätzbare Unterstützung. Sie sind mehr als *Nahrung in der Meditation.* Ich schätze sie während einer Suche nach Antworten ebenso wie vor Lebensstrombehandlungen oder anderen Einzelsitzungen. Wenn ich ein Edelsteinmandala aufbaue, sei es für mich privat oder für einen Vortrag oder ein Seminar, benetze ich gerne die Edelsteine mit einer Quintessenz, die symbolisch für die vier Elemente – Erde, Feuer, Wasser und Luft – steht, oder ich stelle die Essenzen selbst in das Mandala oder an die Ecken. Ansonsten gelten hier die gleichen Einsatzmöglichkeiten wie bei den Pomandern.

5.16. Eine allgemeine Meditationsanleitung mit einer Meisteressenz

> *Besitze dich selbst,*
> *entblößt von allen Verhärtungen –*
> *und der Kosmos wird dir dazugegeben.*
> Worte an einem Venus-Tempel

Meditationen mit Aura-Soma-Meisteressenzen gestalten sich oft von ganz allein. Ich vertraue immer wieder auf den Sinn solcher Veränderungen, denn manchmal wollte ich mich mit einer vorher ausgewählten Meisteressenz einem meiner Themen widmen, und die Meditationserfahrung verlief ganz anders im Ablauf. Gerade die Meisteressenzen fordern dazu auf, *von den ich-bezogenen Meditationen und Reisen in die eigene Innenwelt frei zu werden*; sich ganz einfach in einen inneren Raum der Stille zu begeben und sich leer zu machen von den Gedanken, die so zahllos daherschwirren; sich auf nichts zu konzentrieren, auf gar nichts. Wenn man dann aus der Ruhe heraus einen der Meister ruft, geschieht alles weitere von ganz allein – eben all-eins.

Man kann *vor* einer Meditation eine Meisteressenz wählen, ebenso *während* einer Meditation sich intuitiv von einer ansprechen lassen oder den Impuls *nach* einer stillen Meditation bekommen, welcher Meisterenergie man sich jetzt gerade zuwenden will. Ich werde die kürzer gehaltene Anleitung für eine Anwendung vor der Meditation beschreiben.

Wenn Du eine Aura-Soma-Meisteressenz in den Händen hältst und Deine Meditationsbedingungen geschaffen hast, beginne zum Beispiel so:

– *Schließe Deine Augen und wende Dich nach innen, die Aura-Soma-Essenz in Deiner rechten Hand haltend. Entspanne, lasse alle Anspannungen los. Begleite mit Deiner Aufmerksamkeit eine Weile Deine Atmung, wie sie ohne Dein willentliches Zutun von ganz allein geschieht. (Einatmung – Ausatmung = Aufnehmen und Loslassen)*
– *Dann lenke Deine Aufmerksamkeit Deinem Herzen zu. Erkenne Dein Herz als Deine innere Quelle von Licht und Liebe und stelle Dir vor, daß Deine Herzensenergie sich mit jedem Herzschlag in Deinem Körper bis hin zu jeder einzelnen Zelle der Peripherie hin verteilt. Erlaube, daß sich das Licht und die Liebe Deines Herzens auch in Deine Aura bis hin zu einer schützenden Lichthülle und in Deine Verwurzelung in die Erde und über Dein Kronen-Chakra hinaus zur Urquelle von allem Licht und aller Liebe hin verteilt.*

- *So bist Du mit der Erde, dem dichten, materiellen Prinzip, über Deinen Körper ebenso verbunden wie mit der geistigen Quelle im Universum über Deine Energiekörper. In Dir vereinen sich die geistigen Energien und die irdischen. Du selbst bist Vermittler oder Vermittlerin dieser beiden Pole und gestaltest in Liebe das Zusammenwirken von Geist und Materie in Deinem alltäglichen Leben.*
- *Erinnere Dich nun der Aura-Soma-Meisteressenz in Deiner rechten Hand. Öffne Deine Augen und öffne mit der linken Hand die Essenz und bringe zwei bis drei Tropfen auf Deinen Puls am linken Handgelenk. Dann schließe das Fläschchen wieder, stelle es vor Dir auf den Boden, verreibe die Flüssigkeit auf Deiner Haut. Rieche an dem Duft der Essenz und bringe sie in Deine Aura ein, indem Du vom Kopf und eventuell bis zu den Füßen Deine Aura umfährst. Atme noch einmal den Duft kraftvoll ein und halte Deine Hände über Dein Herz-Chakra. Begrüße den Meister mit seinem oder ihrem Namen in Deinem Herzen und lade ihn ein, Dich zu berühren.*
- *Erlaube Dir anzunehmen, was Du spürst oder was Du in irgendeiner für Dich stimmigen Weise wahrnimmst. Öffne Dich für die Botschaft Deines erwählten Meisters oder Deiner Meisterin oder einer Kombination von beiden Qualitäten. Erlaube, daß Dich ihre Energien und Kräfte durchströmen und öffne Deine innersten Türen und Pforten.*
- *Stelle Dir vor, daß sich in Deinem inneren Erkennen die Schleier heben und Du die Dinge in Deinem Lebensprozeß erkennst, wie sie wahrhaft sind.*
- *Laß das Licht des Meisters Dich durchfluten. Dein Lebensstrom erfährt voll Freude und Dankbarkeit die heilsamen Kräfte des Meisters.*

- *Es mag sein, daß Dir jetzt im Zusammenspiel mit der Meisterenergie ein spezielles Thema, ein Bild oder Gefühl aufkommt. Erlaube es, widme Deine Aufmerksamkeit den Lehren Deines Meisters.*
- *Oder es mag sein, daß Dir eine bestimmte Frage bewußt wird, deren Antwort Du jetzt erhältst.*
- *Es mag auch sein, daß Du einfach einer Qualität der Stille und des Friedens in Dir gewahr wirst, die Du genießt.*
- *Ob Du dies bewußt wahrnimmst oder nicht, sei Dir dessen ganz sicher, daß Dein Höheres Selbst als Dein innerer Meister mit dem „äußeren" Meister kommuniziert.*
- *Was immer Du im Kontakt mit der Aura-Soma-Meisterenergie erlebst, nimm es in Dein Herzensbewußtsein auf. Vertraue Deinen Wahrnehmungen und laß Dir die Zeit, die Du nun benötigst.*
- *Komme dann langsam zu Ende mit diesem Teil der Meditation und danke. Danke dem Meister, der Dir soeben begegnet ist. Danke den Lichtwesen und geistigen Lehrern für ihre Art der Unterstützungen. Laß Dankbarkeit aus Deinem Herzen fließen, in Deinen Körper, in Mutter Erde, zur Einheit von Vater-Mutter-Gott, für alles, wie es in Dir und um Dich herum ist. Atme eine Weile Frieden ein und Liebe aus.*
- *Dann bewege Dich sanft in Deinem Körper, recke oder strecke Dich und öffne die Augen, um wieder wach und klar in Deiner Außenwelt zu sein.*

Auch diese Form der Meditation sollte in der Art und Weise verändert werden, wie sie für Dich stimmt. Meine Worte und Impulse sind nur ein Angebot. Ich erlebte gerade mit den Meisterenergien mehr denn je Veränderungen von vorher gefaßten Vorstellungen. Es kommt meistens ohnehin anders, als wir es uns gedacht haben. Doch darin liegt ein tiefer Sinn.

Quellennachweis

(1) Sogyal Rinpoche: Das tibetische Buch vom Leben und Sterben, Barth-Verlag, 9. Aufl. 1994, Seite 50
(2) Sogyal Rinpoche, Seite 49, siehe oben,
(3) Phyllis Krystall: Monkey Mind, Ryvellus Medienverlag 1995, Seite 23
(4) Meditationen und Anrufungen, Selbstverlag: Die Brücke zur Freiheit e.V. Postf. 768, 1000 Berlin 15, Seite 3
(5) Ralph Blum: Runen, Kailash-Verlag 1995, Seite 104
(6) Meditationen und Anrufungen, Seite 11, siehe oben
(7) ebd., Seite 36
(8) ebd., Seite 28
(9) ebd., Seite 22
(10) ebd., Seite 34
(11) ebd., Seite 41
(12) ebd., Seite 15
(13) ebd., Seite 19
(14) Nevill Drury: Lexikon esoterischen Wissens, Droemer Knaur Verlag, München 1988, Seite 345

Literaturliste

Brown, Fran, Reiki Leben, Großmeisterin Takatas Lehren, Synthesis Verlag, 1993

Csikszentmihalyi, Mihaly, Flow, das Geheimnis des Glücks, Klett-Cotta-Verlag, 3. Auflage 1993

Dalichow, Irene/Booth, Mike, Aura-Soma, Heilung durch Farbe, Pflanzen- und Edelsteinenergie, Knaur Alternativ Heilen, 10. Aufl. 1997

Dalichow, Irene/Booth, Mike, Das Aura-Soma-Praxisbuch, Goldmann Verlag, 1998

Haich, Elisabeth, Einweihung, Drei-Eichen-Verlag, 1989

Hilarion, Die Bücher des Flammenden Herzens, Drei-Eichen-Verlag, 1977

Kunz, Dora, Die verborgenen Quellen der Heilung, Aquamarin Verlag, 1. Aufl. 1987

Krystal, Phyllis, Monkey Mind, die Zähmung unseres Verstandes, Ryvellus Medienverlag, 1995

Lynch, Dudley/Kordis Paul, Delphinstrategien, Paidia Verlag, 1992

Marciniak, Barbara, Boten des neuen Morgens, Bauer-Verlag, 3. Aufl. 1995

Moore, James, Georg Iwanowitsch Gurdjieff, Scherz-Verlag, 1992

Ouspensky, P. D., Auf der Suche nach dem Wunderbaren, O. W. Barth-Verlag, 8. Aufl. 1993

Redfield, James, Die Prophezeiung von Celestine, Heyne-Verlag, 7. Aufl. 1994

Rinpoche, Sogyal, Das tibetische Buch vom Leben und vom Sterben, O. W. Barth-Verlag, 9. Aufl. 1994

Sheldrake, Rupert, Das Gedächtnis der Natur, Scherz-Verlag, 1990

Ströter-Bender, Jutta, Engel, Kreuz-Verlag, 1988

Thich Nhat Hanh, Ich pflanze ein Lächeln, Goldmann Verlag, 9. Aufl. 1997

Waddington, Nicola, Aura-Soma. Durch Farben zur Erkenntnis. Die Bedeutung der Balance-Öle in ihrer jeweiligen Position, Goldmann Verlag 1997

Wall, Vicky, Aura-Soma, Das Wunder der Farbheilung, Edition Sternenprinz, 3. Aufl. 1993

Walker, Barbara, Das geheime Wissen der Frauen, Deutscher Taschenbuch Verlag, 1995

Meditationen und Anrufungen, Die Brücke zur Freiheit e.V., Postfach 768, Berlin

Mutter Meera, Werke im Selbstverlag, Oberdorf 4a, 65599 Dornburg-Thalheim, 1995

Ein Kurs in Wundern, Textbuch, Greuthhof-Verlag, 1994

Bezugsquellen

Camelot Farb- & Duftessenzen GmbH
Iris Rebilas u. Constanze Sträter
Gohrstraße 24
D-42579 Heiligenhaus
Tel. 02056/9314-0
Fax 02056/9314-44

Aura-Soma Austria
Hanni Reichlin Meldegg
Silbergasse 45/1
A-1190 Wien
Tel. (1) 3688787
Fax (1) 36887874

Chrüter Drogerie Egger
Renate und Jörg Egger
Unterstadt 28
CH-8200 Schaffhausen
Tel. (052) 6245030
Fax (052) 6246457

GOLDMANN

Die Farben der Seele

Ingrid Kraaz,
Die Farben deiner Seele 13767

Ingrid Kraaz/Wulfing von Rohr,
Die richtige Schwingung heilt 13788

Lea Sanders,
Die Farben Deiner Aura 13792

Diane von Weltzien (Hrsg.),
Das große Praxisbuch der Aura-
und Chakra-Arbeit 12211

Goldmann • Der Taschenbuch-Verlag

GOLDMANN

Wege zu innerem Gleichgewicht

Herbert Mensen,
Das autogene Training 13998

Nicola Waddington,
Aura-Soma 13973

Wulfing von Rohr,
Meditation 13837

Hiltrud Lodes,
Atme richtig 13798

Goldmann • Der Taschenbuch-Verlag

GOLDMANN

Das Gesamtverzeichnis aller lieferbaren Titel erhalten Sie im Buchhandel oder direkt beim Verlag.

Taschenbuch-Bestseller zu Taschenbuchpreisen
– Monat für Monat interessante und fesselnde Titel –
∗
Literatur deutschsprachiger und internationaler Autoren
∗
Unterhaltung, Thriller, Historische Romane
und Anthologien
∗
Aktuelle Sachbücher, Ratgeber, Handbücher
und Nachschlagewerke
∗
Esoterik, Persönliches Wachstum und
Ganzheitliches Heilen
∗
Krimis, Science-Fiction und Fantasy-Literatur
∗
Klassiker mit Anmerkungen, Autoreneditionen
und Werkausgaben
∗
Kalender, Kriminalhörspielkassetten und
Popbiographien

Die ganze Welt des Taschenbuchs

Goldmann Verlag · Neumarkter Str. 18 · 81673 München

Bitte senden Sie mir das neue kostenlose Gesamtverzeichnis

Name: _____

Straße: _____

PLZ / Ort: _____